PGAツアー

超一流たちの ティーチング革命

タイガー、ミケルソン、ケプカ、デシャンボー

困難を乗り越え、自分を変え、世界を変えた彼らの流儀

ゴルフスイング
コンサルタント 吉田洋一郎 Hiroichiro Yoshida

TIGER WOODS

PHIL MICKELSON

BRYSON DECHAMBEAU

BROOKS KOEPKA

photo ／ Getty Images

実務教育出版

はじめに

あなたは自分を変えられる人でしょうか？

体に悪いとはわかっていてもやめられない生活習慣、忙しくてなかなか取り組めない仕事のスキルアップ、誘惑に負けていつも先延ばしになるダイエット。自分を変えよう、変わりたいと思っているにもかかわらず、最初の一歩が踏み出せなかったり、挫折して続けることができず、自己嫌悪に陥ることがあるかもしれません。目に見える習慣や行動だけではなく、自分の性格や思考パターンといった意識しにくい部分を変えることは、更に難しいと思います。

私も現状を打破するために、自分を変えようとさまざまなことに取り組んできました。現状を変えるために気合を入れて取り組もうと一念発起するものの、「いつか取り組もう」、「先延ばししたい」という誘惑に負けて三日坊主に終わることが多々ありました。

あなたも私のように自分を変えたい気持ちはあるものの、うまくいかなかった経験があるかもしれません。

あなたが自分を変えられないのは、意志の力が弱いからでしょうか？

私はあなたが変われなかったのは、決意や意志が弱いからだと思いません。あなたが**自分を変えるためのスキルを知れば、自分を変えることは難しいことではない**のです。その自分を変えるためのヒントが、本書でご紹介する超一流プロゴルフツアーの世界にあるのです。

私は2013年から欧米の100名以上の有名ゴルフコーチを訪ね、ゴルフティーチングスキルを学んできました。一流コーチたちのもとへ足を運ぶ中で、最先端のスイング理論だけではなく、一流コーチたちの指導哲学や指導者としての心構えなどを学ぶこともできました。

そして、そのコーチたちがプロゴルファーに教えていることが知りたくなり、PGAツアーにも足を運ぶようになりました。マスターズをはじめとする4大メジャーはもちろん、100試合以上の世界各地のプロゴルフツアーに足を運びました。

私が実際にPGAツアーの試合会場で目の当たりにしたのは、**一流選手がしのぎを削る弱肉強食の世界**でした。優勝すれば億単位の賞金を手にすることができる一方で、予選落ちをすれば宿泊費やキャディーフィーなどの経費を自己負担しなければいけない厳しい世界です。仕事をしても経費が出ないどころか、赤字になることもある「**最も過酷なフリーランス**」とも言えるゴルフツアー選手は、常に自らをアップデートしなければ生き残っていくことはできません。周りの環境がレベルアップする中、いかに自らを改造し、進化させるか。この難しい課題を克服できた選手だけが栄光をつかめる世界なのです。

この環境で生き残るために、選手は優秀なコーチを雇い、結果を出さなければいけません。ツアー選手を支えるコーチたちも現状に満足することなく、常に勉強をし続けてスキルアップに努めています。

そのような激しい競争社会で自らを成長させ続ける選手やコーチたちの取り組みを間近で目にすることは、私自身の人生にとって大きな学びとなりました。ＰＧＡツアー選手や有名コーチに学んだ、「**現状に満足することなく、学び続ける姿勢**」や「**指導者をリスペクトし、素直に教えを受けて実践する姿勢**」を愚直に行うことで、自らを更新し続けることができました。

一度、壁にぶつかると、その壁を乗り越えるためには自分を変える必要があります。しかし、自分を変えるのは容易なことではありません。自分を変えたくても変えられない。それでも何とか現状を打破して新たなステージに踏み出したい。そんな閉塞感を感じている方にとって、最も熾烈な世界に生きるＰＧＡツアー選手たちの考え方や取り組みが参考になると思います。

本書では、メジャートーナメント15勝のタイガー・ウッズ、６勝のフィル・ミケルソン、4勝のブルックス・ケプカ、そして2020年に全米オープンを制した注目株ブライソン・デシャンボーを取り上げ、彼らの取り組みから自分自身を変えるヒントを得ていただきたいと思っています。タイガーとミケルソンはすでに偉大な選手として、ケプカとデシャンボーは現役選手の中で偉大な選手に最も近い存在として注目しました。

彼らはゴルフの才能があるだけではなく、殻を破り、常に自らをアップデートすることでキャリアを築いてきました。持って生まれた才能に頼ったり、練習量を重視した精神論的な取り組みといった、これまでのスポーツ界で「常識」として扱われてきた成功例ではなく、**ビジネス的な発想や科学的な取り組みを用いた、次世代の成長戦略**を採用していることがこの4選手に共通しています。

進化のスピードが速い現代において、彼らのように常に自分を成長させること、更新し続けることは、ゴルファーに限らずビジネスパーソンにとっても学ぶところがあると思います。彼らの自分を変えるスキルを学び、目の前の壁を乗り越えてほしいと思っています。

目次

第2章

チームマネジメントの原則

第3章

成功の原則

第4章

コーチングの原則

第5章 指導の原則

第1章

一流になるための原則

ゴルフに革命を起こしたタイガー・ウッズ

海外の一流プレーヤーは日々技術向上に力を注いでいます。日本でも馴染みのあるタイガー・ウッズのプロフェッショナルとしての姿勢や取り組みについて、私が実際に取材をしたり、親交のあるクリス・コモ（「週刊ゴルフダイジェスト」で著者とコモによる「クリス・コモのバイオメカ研究所へようこそ」連載中）をはじめとした歴代のコーチに話を聞いた内容をもとにお伝えしようと思います。

タイガーは、アマチュアからプロ転向翌年の１９９７年4月に、いきなりマスターズ・トーナメントで優勝し、世界を驚かせました。

マスターズ初日前半こそ、初出場のプレッシャーからか4オーバー40でしたが、後半で6アンダーを記録すると、２日以降もスコアを伸ばし続け、完全な独走状態となりました。そして、最終的には2位に12打差の通算18アンダーという圧倒的なスコアで優勝を飾ります。

タイガー・ウッズ（45） Tiger Woods

photo by
Getty Images

1975年、カリフォルニア州で生まれる。生後9カ月で競技を始め、父アール・ウッズの徹底した指導で若くして頭角を現す。スタンフォード大在学中の1996年にプロ転向。翌1997年には早くも「マスターズ」でメジャー初制覇。同年4勝をあげ賞金王。1998年には世界ランキング1位に。2004年にスウェーデン出身のモデルと結婚。2児をもうけるも、10年に不倫スキャンダルで離婚。その後、背中や腰を痛め、2016年のツアーは出場することができなかった。4度にわたる手術を経て、2018年に5年ぶりの復活優勝。2019年には11年ぶりのメジャー優勝を果たし、「奇跡の復活」と話題に。同年、日本初開催となったPGAツアー「ZOZOチャンピオンシップ」で勝利、前人未到のツアー82勝目をあげた。メジャー通算15勝はジャック・ニクラウスの18勝に次ぐ2位。2021年2月、自動車事故で大怪我を負ったが、同年4月25日、右足にギブスをつけたリハビリ姿を公にしている。21年に世界ゴルフ殿堂入り。ジュニア育成やチャリティ活動にも積極的。

マスターズ・トーナメント：5勝（1997年・2001年・2002年・2005年・2019年）

全米オープン：3勝（2000年・2002年・2008年）

全英オープン：3勝（2000年・2005年・2006年）

全米プロゴルフ選手権：4勝（1999年・2000年・2006年・2007年）

PGAツアー勝利数：82勝（歴代1位タイ）

メジャー勝利数：15勝

このときタイガーがゴルフ界に与えた衝撃は計り知れないものでした。それはプロ入りから1年足らずの青年が圧勝したからではありません。300ヤードを超えるドライバーショットを放ち、ピンをデッドに狙う攻撃的なプレースタイルで世界中のゴルフファンを熱狂させたからです。

それまで、ゴルフはパワーよりも技術や経験が生きるスポーツだと言われ、選手たちは真っすぐ飛ばすためのスイング技術を磨き、小技の精度を高めることに取り組んできました。

ところが、タイガーは300ヤードを超えるドライバーショットを武器に、そうしたゴルフ界の常識を破壊し、パワーゲームの扉を開いたのです。タイガーの出現によって、ゴルフはそれまでとは全く違うスポーツになったといっても過言ではありません。

当時21歳3カ月の最年少優勝記録は2021年現在も破られていません。この年は出場するトーナメントを総なめにするほどの破竹の勢いで勝ち星を積み重ね、世界ランキング1位、PGAツアーの最年少賞金王にも輝きました。スーパースター街道の始まりでした。

華々しい活躍はその後勢いを増し、32歳になった2008年にトリプル・グランドスラム（４大メジャーをそれぞれ３回制覇すること）を達成し、彼のゴルフ人生は頂点を極めました。

２００９年の不倫スキャンダルを境に激しい浮き沈みを経験したものの、２０１８年には長期低迷を脱し、世界のトッププレーヤーとして返り咲きます。

２０１９年にはマスターズで５度目の優勝。２００８年大会以来ですから、11年ぶりの快挙でした。この年は日本初開催となったＰＧＡツアー、ＺＯＺＯチャンピオンシップでも優勝しています。

私がタイガーのキャリアで他の選手と違うと感じる点は、セルフプロデュース力によって、「グッドプレーヤーからグレートプレーヤー」となったことです。

ビジネス書の名著『ビジョナリーカンパニー２　飛躍の法則』（日経ＢＰ　ジェームズ・Ｃ・コリンズ著）は次の冒頭の言葉から始まります。

「良好（グッド）は偉大（グレート）の敵である。
偉大だと言えるまでになるものがめったにないのは、そのためでもある。」

ゴルフの場合も「グッドプレーヤー」と「グレートプレーヤー」の間には分厚い壁が存在しています。タイガーがこの壁を破ることができたのは、天性のゴルフの才能に加え、物事を客観的かつ、戦略的に考えることのできる思考があったからです。

タイガーはジュニア時代から天才と呼ばれ、8歳で世界ジュニア大会優勝、全米アマ3連覇、マスターズ最年少優勝などを成し遂げます。しかし、若くして活躍した選手が、グッドプレーヤーから、歴史に名を残すグレートプレーヤーになるとは限りません。才能を生かしきれず表舞台から消える選手、グッドプレーヤーではあるものの、殻を破れずにくすぶる選手は星の数ほど存在します。

ゴルフに限らず、他のスポーツでもプロになるスポーツ選手の多くは、早くから「将来が有望な大器」「幼くして飛び抜けた実力を持つ」などと評された人たちです。そうした「天才」たちが集まる中で、偉大な選手になるのは並大抵なことではありません。

私はグレートプレーヤーの定義を考えるとき、「メジャー5勝、PGAツアー40勝」を1つの基準として考えています。メジャーを5勝以上している選手には、セベ・バレステロス（5勝）、フィル・ミケルソン（6勝）、ベン・ホーガン（9勝）、ジャック・ニクラウス（18勝）など歴史に名を刻む名手たちが名を連ねています。天性の素質を生かし31歳までに5勝した早咲きのセベ、才能に加えクレバーな取り組みで33歳以降に6勝した遅咲きのミケルソンなど、さまざまなタイプの偉大な選手たちがいます。

タイガーはスーパースターへの階段を上っていく途中、さまざまな挫折を経験し、試行錯誤を繰り返してきました。どんなに優れたプレーヤーでも、その道のりでは必ず壁に突き当たります。壁は、その人のレベルに合わせて高くなったり低くなったりして、難易度を変えます。初心者が突き当たる壁は、良いコーチに教われば容易に乗り越えられるでしょう。しかし、トッププロが突き当たる壁は高く険しく、これまで誰も乗り越えたことのないレベルです。そのような壁を1人で乗り越えることは、才能に恵まれたスーパースターでもできません。そこで必要になるのは、自分に必要なスキルを持った指導者を見つける能力、アドバイスに対し謙虚に耳を傾ける姿勢、人から応援される人間性だと思います。

一流の選手は、自分一人の力では何もできないことを知っています。自分一人の努力だけで、今の自分の地位を築いたなどと考えている選手はいないでしょう。実際、一流選手が優勝をした後にインタビューを受けると、必ず自分を支えてくれたスタッフや家族、友人らに感謝の言葉を述べます。それがマナーだという面もあるのですが、高い壁を乗り越えてきた選手の言葉には、「周囲の協力と励ましがなければ、ここまでたどりつけなかった」という実感が込められているはずです。

これは、タイガーも例外ではありません。後ほど触れますが、タイガーはプロ転向後、主に4人のスイングコーチから指導を受け、スイングを変えてきました。しかも、スイングの変更は微調整といったマイナーチェンジではなく、スイングに対する考えやプレースタイルを変えるほどのフルモデルチェンジでした。

人間は自分の考え方や、過去の成功体験に固執しがちです。自分の才能や努力で成功してきた選手が、それまでのスタイルを捨てることは容易ではありません。考え方や取り組み方を変えられず「今のスタイルを追求すれば、さらなる高みに到達できるのではないか」とそれまでと同じことを繰り返したり、自分の能力を過信して人の話をうまく取り入れることができない場合があります。

タイガーは、常に自分のゴルフに何が必要かを冷静に分析し、そのために必要なコーチに学び、常に成長したいという意識を持って謙虚に学んできました。これが、タイガーをグッドプレーヤーからグレートプレーヤーへと成長させた最大の理由です。

自分にとって最適なコーチを探し出し、彼らの言葉に謙虚に耳を傾け、自分自身も努力した。要するに、これだけのことなのですが、目標を実現するためには、自らを変革する意志とスキルが欠かせないのです。多くの人はタイガーのプレーやスイングを真似することはできないでしょう。しかし、それ以上に大事な、**自らを高めるアプローチ方法や戦略的な思考は真似することが可能**です。

タイガーと4人のコーチ

ここで、ゴルフのスイングモデルについて説明しておきましょう。

アマチュアのみなさんは、一度はスイングの基本を習ったり、本や雑誌で読んだりしたことがあると思います。しかし、いろいろとスイングについて学んでも、それぞれ言っていることが違い、どうしたらよいのかわからなくなったという経験はないでしょうか。

これは、それぞれのコーチが目指している最終ゴールであるスイングの型「スイングモデル」が違うことで起こっている問題なのです。最終ゴールであるスイングモデルが違えば、指導する内容は180度変わる場合があります。世の中に絶対的に正しいスイングは存在せず、どのスイング理論も正しいため、理論の数だけスイングモデルがあるという状態になっています。以下、タイガーの取り組みと4人のコーチについて紹介していきましょう。

◉ブッチ・ハーモン（1人めのコーチ）

ブッチ・ハーモンは、タイガー本来のフィジカルの強さを生かしたスイングをつくりあげました。ダウンスイングで下半身を少し目標方向に移動させながら、クラブの遠心力を使う飛距離と方向性を両立させたスイングです。テクニカルになり過ぎず、持って生まれた才能を最大限発揮させることが狙いでした。

◉ハンク・ヘイニー（2人めのコーチ）

次のコーチ、ハンク・ヘイニーはスイングプレーン（ライ角通りに構えたクラブの延長線のラインのこと）を重視しているコーチです。この頃のタイガーは、左ひざを傷め、選手生命の危機にありました。ヘイニーは、バックスイングとダウンスイングの軌道を同じにすることで膝への負担を減らそうと考え、フラットなスイングプレーンを徹底的に指導します。タイガーとヘイニーは互いに激しく議論し合い、何度もスイング動作を繰り返してスイング構築を行いました。この結果、タイガーは膝への負担を軽減するとともに正確性を身に付け、復調を果たします。

◉ショーン・フォーリー（3人めのコーチ）

しかし、再び膝痛に悩まされるようになったタイガーはショーン・フォーリーをコーチに招きます。フォーリーは、アドレスで左足体重にする左一軸スイングを指導しました。これは左右の体重移動を減らして膝への負担を軽減するとともに、再現性を重視したものです。大会の4日間を通して安定したプレーをし、1年間コンディションを整えながら戦っていくという、持続性を重視したスイングと言ってもいいでしょう。

◉クリス・コモ（4人めのコーチ）

4人目のコーチ、クリス・コモは、膝や腰の怪我で満身創痍《まんしんそうい》の状態になっていたタイガーに対し、スイング理論の型にはめるよりも、タイガー自身が本来持っている体の動きに戻すことが大切だと考えました。コモはハーモンに師事していた2000年頃のスイングがタイガーにとってベストのスイングだと考えており、バイオメカニクスの知識を生かして体に負担が少なく、飛距離の出るスイングを構築しました。そして、コモの指導によって本来の体の動きを取り戻したタイガーは、再び復活を果たします。

タイガー・ウッズの歴代コーチ

ブッチ・ハーモン　テーマ：飛距離

1943年生まれ。名コーチとして名高いゴルフ界のレジェンド。グレッグ・ノーマンを賞金王に導いたことで一躍有名に。タイガーがブッチ・ハーモンと出会ったのは17歳のとき。タイガーはプロに転向してから彼と専属契約を結び、二人三脚でゴルフ界の頂点に登りつめた。

➡ **飛距離を武器に勝てるゴルフの基本を身につけた**

ハンク・ヘイニー　テーマ：正確性

タイガーの全盛期を支えたコーチ。タイガーのツアー31勝、メジャー6勝を支えた名コーチ。

➡ **正確性をベースとしたスイング技術を身につけた**

ショーン・フォーリー　テーマ：再現性

左ひざの故障で低迷するタイガーの復活をたどるプロセスで、新しいスイングを構築したコーチ。メジャー勝利はないが、2012年にツアー3勝、2013年に5勝を支えた。

➡ **持続性と再現性をテーマに安定したパフォーマンスで戦う技術を身につけた**

クリス・コモ　テーマ：超越性

無名だったコモをタイガーが専属コーチに指名。バイオメカニクスを取り入れた科学的な指導でタイガー復活をアシスト、ゴルフ界に革命を起こした。

➡ **自分にとって最適かつ自然で、超越性をテーマとしたスイングモデルを身につけた**

日本の武道や茶道などの修行には、「守破離《しゅはり》」という言葉があります。これは修行の段階を示す言葉で、「守」では流派や指導者の教え、型、技を忠実に守り、「破」では他の流派や指導者の教えに触れ、良いものを取り入れて心構えや技を発展させます。そして「離」では1つの流派にとらわれずに独自の境地を生み出し確立させます。

これを、タイガーのスイング構築に当てはめると、ハーモンが「守」、ヘイニー、フォーリーが「破」、コモが「離」と言えるのではないでしょうか。特にヘイニーやフォーリー時代の型にはめるスイング構築から、自分にとって自然な動きを最優先した、今までとは異なるスイング構築のプロセスに対応できたのは、それまでのスイング構築による経験が生きているからだと思います。

コモとコーチ契約解消後は高校時代からの友人であり、タイガーの所有する会社の役員のロブ・マクナマラにスイングをチェックしてもらいながら、自らスイングを管理しています。

◉４段階を経たタイガーのスイング構築

タイガーのスイング構築には年代ごとに、スイングを変える意味やテーマを読み解くことができます。タイガーはスイング構築において「飛距離」「正確性」「再現性」「超越性」の4つの段階を経てきました。

ブッチ・ハーモンのもとで「飛距離」を武器に勝てるゴルフの基本を身につけ、ハンク・ヘイニーからはフラットなスイングプレーンで「正確性」をベースとしたスイング技術を学び、ショーン・フォーリーの指導で4日間の試合を高いレベルでプレーする「持続性・再現性」をテーマに1年間安定したパフォーマンスで戦い続ける技術を身に付けました。そして、コモと組むことで自分にとって最も自然な「超越性」をテーマとしたスイングモデルを手にすることができたのです。

自然体のスイングを身に付けたことで、タイガーは試合に集中し、自己を制御しながら最高のメンタルでプレーできるようになったのではないかと思います。２０１９年のマスターズでの復活優勝は、こうした心技体の成長が頂点に達した結果だったのではないでしょうか。

タイガーは目的をしっかり定めて自らプランニングし、それに対して自分が何をすべきで、どんなコーチを選ぶべきかという明確なロジックを持っていました。

そしてコーチを代えるタイミングは結果が出ないときだけではなく、結果が出ているときにも行ってきました。現状に決して満足せず、「いま勝っているけどもっと上に行く」「もっと圧勝できる」と理想を高く持つことでモチベーションを上げてきたのです。

「**ポジティブな現状否定**」と言ってもいいでしょう。

そこには、自分がより良い状態、自分がプロとして最も理想とする状態を追求する姿があります。その結果、タイガーは「離」の境地へと自分を高めることができたのです。

戦略思考でビッグピクチャーを描く

一般的なプロゴルファーのスイングフォームは、一生懸命練習したなかから自分なりの法則に出合い、その流れから培《つちか》った結果論であることが多く、積み上げ式のスタイルとも言えます。

しかし、タイガーはプレーしている自分の理想像があり、それに必要な指導者と習得方法を選ぶ、いわば**戦略思考**によるスイングの変更なのです。最初にビッグピクチャーを描き、そこからやるべきことを落とし込む方式です。

これはビジネスの世界では普通のことかもしれませんが、スポーツの世界では切磋琢磨して方法論を自分で見つけて上達するということが半ば常識ですので、タイガーのような戦略思考法はかえって珍しいかもしれません。

ただ彼は、5歳のときから父親にコーチを付けてもらっていたことで、上達のための方法論を幼い頃から身につけていたというアドバンテージがありました。

タイガーの戦略思考は父親の英才教育から始まっていました（参照：『トレーニング ア タイガー』アール・ウッズ著／小学館）。父親のアール・ウッズは米陸軍特殊部隊グリーン・ベレー所属の軍人でした。軍隊では兵士それぞれが任務を着実にこなすことが求められます。そして熟練者や有能者が兵士を教育します。アールも息子が本格的にゴルフに取り組むなら、「ゴルフが上手な人に教えてもらうよりも、しっかりとした技術を持ったプロに教えてもらったほうが効率的」と考えたのでしょう。

軍事作戦において、戦略や戦術が明確ではない作戦は死につながります。攻撃目標と違うところを攻め込んだら軍事力そのものが強くても全く意味をなしません。ゴルフもただ球を打てばうまくなるわけではない、そう考えた末のコーチの指導だったのでしょう。

タイガーは身体的な資質と才能に恵まれていましたが、子供の頃からのゴルフ教育、そして自分を一からつくり直せることにかけて天才的だったことが素晴らしい戦績を残すことにつながったのだと思います。プロ入り後に3回も大規模なスイング改造を行って、そのたびに勝つことは普通ではありません。天才的な才能と戦略思考があったから成し遂げることができたのです。

ただ、アメリカのゴルフコーチの中には、「タイガーはスイングを変えなければもっと勝てた」という人もいます。リセットしている間は勝てないわけですから、この説にも一理あると言えなくもないですが、「現状維持するより、もっと上に突き抜けたい」という気持ちが勝っていたのがタイガーらしいと思います。実際に、スイングを変えることでトッププロのポジションをキープし続けてきたのですから。

残念なことに、タイガーは2021年2月に乗用車で単独事故を起こしてしまい、右足骨折などの重傷を負いました。今は復帰を目指して、リハビリを続けているそうです。

かつて、自動車事故から奇跡的に復帰したベン・ホーガンは、その後、全米オープンを制しました。フィル・ミケルソンが50歳11ヵ月での全米プロゴルフ選手権を制したことも刺激になっているでしょう。タイガーは奇跡の復活劇への道のりを描いているに違いありません。

バイオメカニクスとの出会い　ファクトとサイエンスを取り入れる

タイガーの4人目のコーチであるコモによるスイング改造は、バイオメカニクスに即した科学的見地からによるものでした。バイオメカニクスは「生体力学」とも訳され、生物の動作やその仕組みを物理や力学などの理論から解明し、ヒトの動作などに応用しようとする学問です。

欧米のゴルフ界ではおよそ10年前に導入されました。コモは、テキサス女子大学大学院に通い、スポーツバイオメカニクスの権威であるヤン・フー・クォン教授からバイオメカニクスを学びました。実は私もクォン教授とゴルフスイングの本（『驚異の反力打法』ゴルフダイジェスト社）を共著で出しています。

タイガーが満身創痍の状態から復活できたのは、コモとバイオメカニクスによるスイング改造に取り組んだからです。

バイオメカニクスの登場により、力の向きや使い方を変えることで、体の動きを効率的にし、最大限の力が発揮できるようになりました。それによりゴルフティーチング界では今までの常識が覆る「革命」が起きました。これにより体を酷使するスイングから、力をうまく利用して体を効率的に使うスイングが推奨され、ゴルフスイングによって怪我をするケースが少なくなりました。

それまでは下半身を使わず体幹がねじれるようなスイングが良いとされてきましたが、体幹のねじれが少ないスイングのほうが筋肉や関節へのストレスがかからず、体への負担が少ないのです。

私はタイガーがコモと組むと聞いたとき、バイオメカニクスによるスイング改造が成功すれば必ず復活すると信じていました。なぜならバイオメカニクスを用いたスイングは、体に負担が少なく、飛距離を出すことができるので、当時のタイガーにベストマッ

クリス・コモ（左）とタイガー

チだったからです。

度重なる手術や薬物使用による事故などで業界関係者も「タイガーは終わった」と言っていましたが、私は一貫して彼の復活を信じました。実際に2019年のマスターズで、オーガスタナショナル、18番ホールのグリーン脇で優勝シーンを目の当たりにしたときは、「やっとこの日が来たか」と万感の思いでした。

ただバイオメカニクスが知られはじめた頃はすべての人が歓迎したわけではありません。プロゴルファーでもない大学教授の理論は机上の空論に過ぎないと言われたりもしたそうです。

◉タイガー復活でバイオメカニクスの有効性が実証

コモがタイガーに、バイオメカニクスによる指

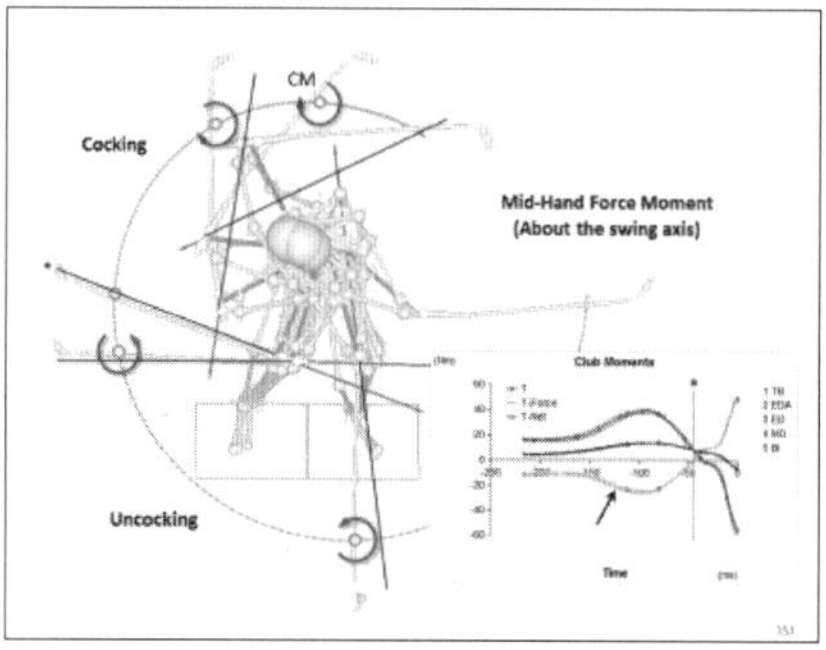

バイオメカニクスによるスイングの分析図

導をはじめたときも懐疑的に見る人がいました。実際、当時コモはコーチの世界では無名に近かったので、科学的見地から行う指導は信用されていなかったようです。

しかし、タイガーの復活によってバイオメカニクスの有効性が実証されてからは、コモの存在が大きくクローズアップされてきました。

バイオメカニクスは陸上や野球などスポーツの世界では早いうちから導入が進んでいました。「スポーツバイオメカニクス」という分野があり、世界的な学会が毎年行われているほどです。しかし、ゴルフで採用されたのはいまから10年ほど前と他のスポーツからは後れを取っています。ゴルフがそもそも伝統のあるスポーツで保守的なことも関係しているのでしょう。特に実績と経験のあるツアープロやコーチなどは新しい理論に少し距離を置くようなところがあります。

タイガーは先見の明をもって新しい取り組みを行い、これまでのゴルフ界の常識を覆してきました。タイガーが鮮烈なデビューを飾った当時、彼はフィジカルトレーニングを行っていたため、バランスの良い体格をしていました。その体から繰り出されるプレーがゴルフ界をパワーゲームに変えました。他の一流プレーヤーがトレーニングをはじめたのはこれが契機となっています。それまでは身体感覚がおかしくなる、ゴルフは技のスポーツだと言われていたためフィジカルトレーニングに積極的に向き合う人が少なかったのです。

ゴルフ界では最初は見向きもされなかったバイオメカニクスですが、タイガーが導入してからというもの、徐々にスイングに取り入れるプレーヤーも増えていきました。タイガーの復活がバイオメカニクスの認知度向上に大きく貢献したわけですが、それ以前にクォン教授とコモが共同でＰＧＡツアーの選手１００人余のデータを検証し、学術的なエビデンスを導き出したことが大きいと思います。この点を考えると、無名だったこの２人がその後のゴルフ界を変えたとも言えるでしょう。

そしてその起点となったタイガーの決断には、先見の明があったということです。無名で、しかも聞いたこともない理論には拒絶反応を示しこそすれ、興味を持つなど通常ならあり得ないでしょう。タイガーが無名のコーチであるコモと組むことに、日本のゴルフ関係者で理解を示した人を聞いたことがありません。

タイガーは自分に必要と思えることなら、どんな些細《ささい》なことでも耳を傾けたのでしょう。そして本当に役立ちそうと思えば、相手が誰であろうとじっくりと話を聞き、ロジカルに選択、決断する力量が備わっているのだと思います。

タイガーほどの実績があるプレーヤーになると、なかなか自分を変えることが難しいはずですが、そこを謙虚に人の意見に耳を傾けて適切に判断することはなかなかできないことです。

成功体験がある人ほど自分を正当化し、考え方を変えられないものです。そうなると、人の意見を聞く謙虚さが失われ、結果的に望む結果を得ることができなくなる。タイガーには人の意見を聞く謙虚さがあるから自分を変えることができました。ここが長くトッププロを務められる秘訣なのかもしれません。

自分の努力だけで成り上がってきたと考える人、なまじ成功体験がある人、才能に甘んじて不勉強な人は素直さや謙虚さが足りない傾向にあります。これはゴルフだけではなく、ビジネスの世界でもよく聞く話です。

成功体験を潔く捨て、チャレンジャーとして新しいことに向かって自分を変えなければ、イノベーションは起きません。

いまやバイオメカニクスによるゴルフ理論は標準として認識されていますが、先見の明があったタイガーが起こしたイノベーションと言ってもいいかもしれません。

全盛期の王者の時代でも人の話はよく聞き、常に自らのスキルをアップデートする準備を怠らなかったことに、彼のプロとしての凄みを感じます。

何のために指導を受けるのか

トッププレーヤーがコーチを代えるのは、ほとんどの場合、成績が出ていないときです。まれに何度もコーチを変える人がいますが、それはコーチに問題があるというより、選手の人としての資質に問題があるのでしょう。人の話を吸収しようとしなかったり、指導されてもどこか自己流にこだわるタイプには、何を指導しても意味をなしません。

そもそも指導を受けているのに我流にこだわるのは指導を受ける意味がありませんし、そうした人はコーチ選びから失敗するケースが多いと言えます。

人間には誰しも相性があります。これはコーチとて同じことです。しかしいくら性格的な相性がよかったとしても、確固とした目的のもとにコーチをセレクトしなければ成功は約束されないでしょう。話しやすさや相性ばかりを重視し、自分に何が必要かを分析できていないと、コーチ選びを誤りがちです。

言い換えると、選手自身が何をするべきかがよくわからず、とりあえずスランプから脱したいというだけで指導を受けてもうまくいきません。目的がはっきりしていて指導を受けるのと、不調の苦しさから逃れたいためにコーチにすがるのと、どちらが課題解決につながるかは明確でしょう。苦しさからの逃避は、結局何ももたらしませんし、そうした考え方では何をやってもうまくいきません。

なぜなら、**何をすべきなのか自分で分析できず、目的意識のないところでアドバイスを受けても、腹落ちするわけがない**からです。

自分の不調の原因を自己分析できずに現状から逃避する人と、自分自身を見つめ直して修正を図る人の違いは、頭の使い方次第だと思います。**現実を直視することが不調を克服する上で最も大事なこと**なのです。

現実を見ることが成長につながる

指導を受けて課題を修正できる人には、現実を直視する姿勢が見られます。現実を直視できないと必要なものを取り入れることができませんし、問題の本質がわかりません。問題の本質がわからなければ、解決する方法もわかるはずがありません。

また、問題が見えていても人の忠告を素直に聞くことができなければ、せっかく解決方法がわかったにもかかわらず伸びることはありません。なまじセンスや才能がある人は自分が正しいと思い込んでしまっていることが多いので、指導されても「そんなことはわかっているよ」といった態度や言動が出てしまうことがあります。

自分が正しいと思い込んでしまうと、現実を見ようとしません。コーチは客観的に正しくないと判断して指導しますが、本人が素直にならなければいつまでたっても問題解決に至りません。私もそのようなゴルファーと話すことがありますが、現実を見ようとしないゴルファーは先行きが心配になります。

傍から見たらプラス思考という印象にも見えますが、楽観主義やプラス思考はとらえようによっては害毒にもなります。プラス面ばかりに焦点を当てることで何ごとも自分の都合のよいほうに考え、現実が見えなくなってくるからです。

世界の優良企業の成功の秘訣を説いた名著と言われる『ビジョナリー・カンパニー2 飛躍の法則』に興味深い話が載っていました。ベトナム戦争で8年間の捕虜生活で20回以上もの拷問を受けて奇跡的に生還した米国の軍人、ジム・ストックデール将軍の話です。同書では「ストックデールの逆説」として紹介されています。

いつ釈放されるのかが全くわからない状況にあって、「どんな困難であれ最後には勝つという確信を失ってはならない。それと同時に、自分の置かれている状況で最も厳しい現実を直視しなければならない」との強い意志により、将軍は母国に帰還することができました。

この本の著者がストックデール将軍に「厳しい状況に耐えられないのはどういう人ですか？」と訊いたところ、「楽観主義者だ。クリスマスまでには出られる。それが叶わず、次に復活祭にはどうにかなるとするもそれも果たせず、次の感謝祭には、と楽観的に考えた末に失望が重なり死んでいく」と将軍は答えました。

ストックデールの逆説

ベトナム戦争で、8年間の捕虜生活から奇跡的に生還した
米国の軍人、ストックデール将軍の言葉

**どんな困難であれ最後には勝つという確信を
失ってはならない。それと同時に、自分の置かれている
状況で最も厳しい現実を直視しなければならない**

厳しい状況に耐えられないのはどういう人ですかとの問いに対し、
「楽観主義者だ。クリスマスまでには出られる。それが叶わず、次に復活祭にはどうにかなるとするもそれも果たせず、次の感謝祭には、と楽観的に考えた末に失望が重なり死んでいく」

『ビジョナリー・カンパニー2』(日経BP)より

『ビジョナリー・カンパニー2』は経営書ですので、このエピソードは良い企業が偉大な企業に成長するための法則として紹介されています。

これは企業経営にかかわらず、成長の法則として言えることだと思います。「どんな困難にぶつかっても現実を見つめて最後には必ず勝つ」という強い意志が逆境を跳ね返し、飛躍するというのはゴルフの世界でも共通するものです。

ストックデール将軍は厳しい現実を直視し、その現実から逃げなかったから最後にはアメリカに帰ることができました。**楽観主義とかプラス思考というのは現実から目をそらしがち**です。現実を見たくない、つ

らいから見ることができない。そういう人は惨めな自分を認めたがらない。問題を問題として認識しないようにしているのです。

もちろん現実を直視できるなら、プラス思考は悪いことではありません。

タイガーは現実を直視できたこと、そのうえで自分を変えることができたことで一流プレーヤーとして成長していくことができたのだと思います。

スイングを変える決断に必要なこと

スイングはそのプレーヤー独自の戦術のコンセプトのようなものなので、一流選手の場合、基本的にスイングを根本から変えることはあまりありません。

それを変える決断には、年齢による身体能力の変化や、長期的な成績不振など、何らかの大きな理由が必ずあります。

もちろん、キャリアの途中でスイングに微調整を加えるプレーヤーはいますが、誰の目から見ても何度もスイングを変えていることがわかる選手は理想に近づくためにスイングを改善をしているのか、迷走状態のどちらかでしょう。スイングを変えるとプレー全体を変えなければならなくなるので、トップにいる選手はあまり変えることをしないからです。

スイングを変えるとなると、試合で通用するレベルになるまでには最低でも半年は必要です。それも、優勝争いに絡むような場面では相当なプレッシャーを受けますので、変えたスイングが自然にできるようになるには1年や2年は必要になります。

それほどスイングを変えることは大きなチャレンジと言えるのですが、半年ほどで見切りをつけ、次々と違うスイングに切り換えるような人は、それまでの体の動きに感覚がついていかず、スイングが安定しません。スイングが安定しなければ、大事な場面でミスを引き起こす可能性も大きくなります。

そのことをタイガーはわかったうえで、ロジカルにスイングを変えているのです。

ビジョンを持つことの重要性

２０１４年にクリス・コモをコーチに招聘《しょうへい》したのも、タイガーなりのロジカルな判断と明確なビジョンによるものでした。

ゴルフではそれほど名の通っていなかったコモでしたが、一部のプレーヤーにはテキサス女子大学のドクター・クォンと共同でスポーツ・バイオメカニクスをゴルフに応用させはじめたことが伝わっていました。

タイガーはそのことを、スタンフォード大学時代のチームメイトで、現在はゴルフアナリストをしているノタ・ビゲイ3世から聞き及んだのでした。

その頃、タイガーは自分が求めているのは体に負担のかからないスイングだと公にしていました。タイガーのビジョンをビゲイが知っていたため、コモを紹介したのです。

このとき、タイガーが別のスイングを求めていたら、コモに出会うことはなかったでしょう。

タイガー・ウッズの逆算思考

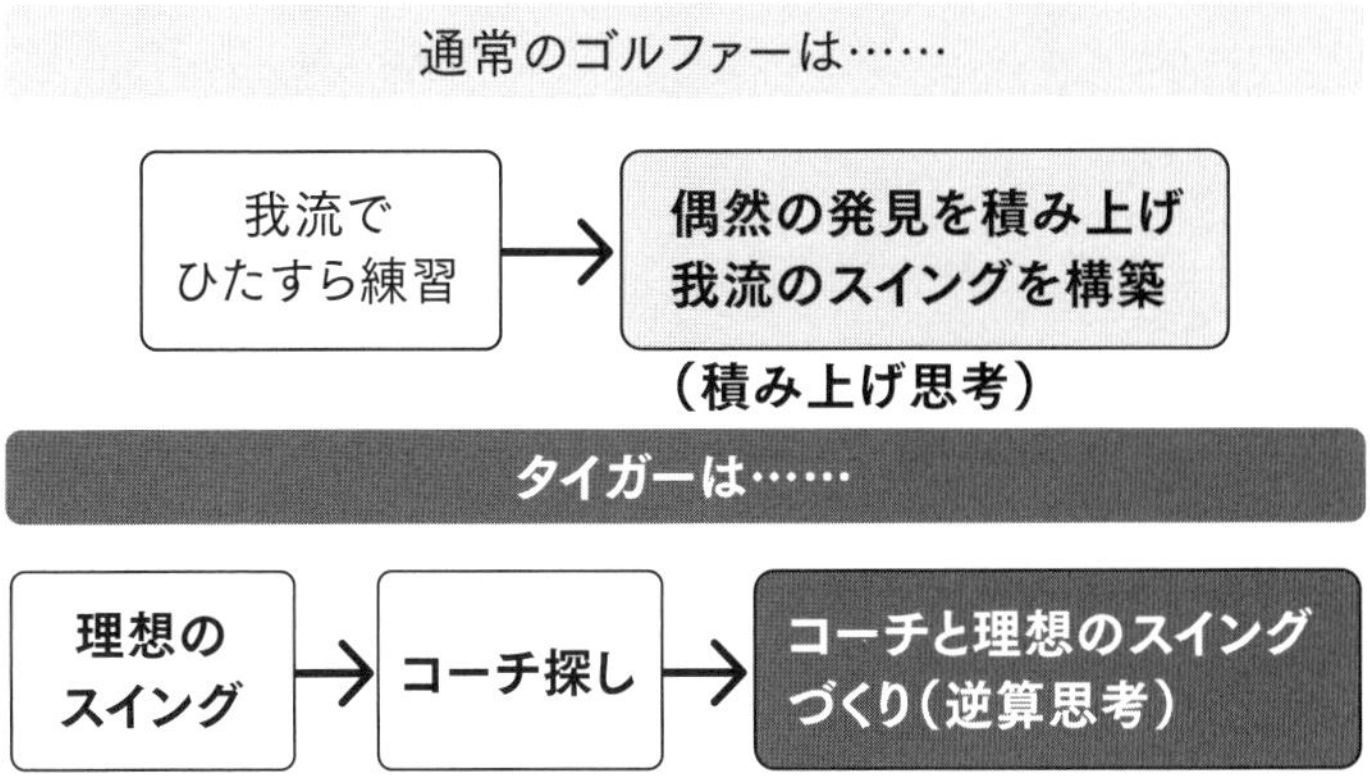

「いいコーチを紹介してほしい」というだけでは自分の課題を解決することにはつながりません。「自分のいまの課題は○○だ。この課題を解決するために必要なコーチは△△の知識を持ったこんな人物だ」ということを明確にする必要があります。

例えば家を建てるとき、和風建築なら和風建築の専門家に依頼するでしょう。「とにかく住みやすい家を建ててほしい」という依頼では、どのような家が建てられるのかまったくわかりません。明確な要望を伝えずに、建ててから文句を言っても仕方がないのです。

タイガーは理想とする家を明確に決めていたことで、適材のコーチとの出会いを引き寄せました。ビジョンが明確だから、必要としている人材も明確になったのです。

ビジョンは問題意識と言い換えることも可能です。問題意識が低いと現状に流されてしまいがちです。それでは何が課題で、課題解決のために必要なものが何なのかがわかりません。自分に必要な人がどんな人なのかも当然わからないでしょう。ビジネスにおける人脈づくりにも通じる要素だと思います。

ゴルファーは、調子が悪くなってはじめて自分のスイングについて考えはじめるものですが、多くの場合は戸惑いながら自分で試行錯誤することになります。何かしなければならないと思いながら、それまでやってきたスイングや取り組み方からなかなか脱却できないというジレンマに陥るのです。

これまでと違うスイングに変えるには、もう1度自分のスタイルをつくり直すことになるので長い時間を覚悟しなければなりませんが、多くの人がここで躊躇したり、挫折します。

とくに、プロになるほどの実力を持つ人は、練習を積み重ねてきたとはいえ、基本的には持って生まれた素質があります。その素質により自分流のゴルフスタイルを長い年月をかけて構築した末に、再現性のあるプレーができるようになったわけです。それをスランプに陥ったときに、再度スイング構築を行うことを考えるのは、勇気も必要ですが、新しい技術を生み出すに等しいわけですから、困難があることを覚悟しなければなりません。

スランプから脱出するには

ゴルフを日本で人気スポーツにした立役者のひとりが尾崎将司《おざきまさし》さんです。プロ２年目の１９７１年に日本プロを制し、その後３カ月で５勝を挙げ、鮮烈なデビューを飾ります。その後、賞金王12回、世界プロツアー最多勝利記録の通算１１３勝を記録し、２０１０年に世界ゴルフ殿堂入りを果たしました。ジャンボ尾崎の愛称でゴルフファンはもとより、多くの人に愛されてきました。

そんなジャンボ尾崎さんですが、デビュー11年目頃からスランプに陥りました。ドライバーショットが隣のホールやその隣のホールまで曲がりＯＢを連発。プロデビューした１９７０年から80年までに24勝を挙げましたが、81年から85年まではわずか３勝と、修正がきかない時間が長く続きました。

当時は現在のようにコーチが付くわけでもなく、ジャンボさんは人のプレーを見たり自分のフィジカルについての検証をノートに記して振り返るなど、試行錯誤を繰り返す日々だったそうです。その甲斐があり、1980年代半ばから復活の兆しが見えはじめ、40代に入り再びかつての強さを取り戻しました。

ただ、それが現在であれば、もっと効率的な方法で早期にスランプを脱出できたのではないかと思います。

50代になって全盛期を迎えたジャンボさんですが、結果的に「球が曲がり続けた時期は必要だった」と言います。ジャンボさんに限らず、スランプを経験した選手の多くは、そうした時期があることが大事だと語りますが、私は技術的な問題におけるスランプで試行錯誤する必要はないと思います。**技術面の問題解決はその修正法を知っているプロフェッショナルに頼めばいい**と考えるからです。

日本人は、問題にぶつかると悶々《もんもん》としながら試行錯誤する人が多いように思います。アスリートとて同様です。自分で研鑽を重ねて技を磨くという考え方や、何か問題が生じたら「安易に人に答えを求めず、自分で考えることが大切」だと幼い頃から叩き込まれて来た人たちが陥りやすい行動様式でしょう。

ジャンボさんについては、時代的に仕方のない面もあったと思います。当時のゴルフ界では、科学的なゴルフティーチングはもちろん、確立されたスイング理論をもとに指導することができる指導者はいませんでした。トッププロは、自分の力で課題を解決し、壁を乗り越えなくてはならなかったのです。

スランプには2つの種類があります。1つは「どこに問題があるのかはわかっているが、直し方がわからない」という状態。もう1つは「自分が今、どういう状態なのかわからない」という状態です。そして、多くの場合、現状認識で躓《つまず》いている場合が多い傾向があります。

自分の現状を客観的に分析できないまま試行錯誤を続けていると、感覚と実際の動きのズレがだんだん大きくなり、元の問題がわからないほど深刻な状態になります。そして、もつれた糸のように、元の状態に戻せなくなってしまうのです。このような泥沼にはまらないように選手の状態を客観的に把握し、修正していくのが指導者の役目です。

スランプに悩んでいた当時のジャンボさんに優秀なコーチがついていれば、34歳から38歳という脂《あぶら》の乗った時期に長いスランプを経験せず、さらに通算勝利数を伸ばしていたのではないでしょうか。

もし、ジャンボさんほどの才能に恵まれた選手が現代に生まれ、最先端の指導を受けることができれば、メジャー制覇はもちろん、ＰＧＡツアーの歴史の中でも特筆すべき偉大な選手になることが可能だと思います。

ビジネスでは何か問題があれば人に聞いたり、本から答えを見つけたりすることがあるかもしれませんが、日本のプロゴルファーの多くは勝負の世界で生きているので、戦略的に問題解決することには慣れていないということもあります。目の前の一打をどう打つかに集中することで、自分の問題は自分でなんとかするという考え方が染み込んでいるように感じます。

他人の目を気にせずに集中する

「タイガー・ウッズは天才だし、特殊だからマネすることはできない」と言うゴルファーもいますが、それは少し誤った見方です。

タイガーは天性の素質は持っていましたが、教育によって成長した部分が大きいのです。アメリカではスポーツのプロになるための教育が充実しています。プロフェッショナルを生み出すことが文化になっていると言ってもいいでしょう。

前にも述べましたが、タイガーは幼少の頃からコーチが付き、コーチとのかかわり方をよく理解していました。プロになるための英才教育に取り組み、その過程で競争心が育まれていき、勝ちたいという気持ちが誰よりも強くなっていったのでしょう。

そうした環境の中で成長を続け、20代でトッププレーヤーになっていったのです。しかし、順風満帆に成長していったわけではないと思います。

なぜなら、成長スピードに合わせて世間の注目度も爆発的に上がっていったわけですが、誰であっても大きな注目を浴びると大きなストレスにさらされます。

快進撃を続けていると、勝って当たり前だと思われます。すると今度は、「期待に応えなくてはいけない」という思いと「負けられない」という思いが強烈なプレッシャーとなって自身に襲いかかってきます。その状況で、ファンたちが押し寄せて来て、「握手してください」「写真を一緒に撮ってください」などと言われます。ファンサービスとはいえ、極度のプレッシャーの中で期待に応えていくのは難しいことだと思います。

ときには監視されているような錯覚を覚えることもあったでしょう。

残念ながら、極度のストレスから自身を解放するために、アルコールやギャンブルにのめり込み、現実逃避したくなる人もいます。

メディアで有名人の薬物事件が報道されることがありますが、最近では成功した経営者もそのような事件を引き起こすことが珍しくありません。彼らがよく言うのは、危険なことへの依存は、未来に対する大きな不安とプレッシャーから逃れるためだというのですが、タイガーに限らずゴルフのトッププロたちの重圧もまた、一般の人にはなかなか理解できないことでしょう。

トップで活躍するほど周りの評価は気になると思うのですが、ある程度公人としての自分に慣れて開き直り、そうした目を気にしないようにすることが賢明です。いまはさまざまな意見がSNSで投稿されたりしますが、それをいちいち見たり聞いたり受け入れていたら自分の精神が持たなくなります。

SNSでは根も葉もないことが投稿されることもありますので、自分には関係ないことだと受け流してプレーに集中することもプロの仕事だと思います。

失敗から本物を見極める目を養う

タイガー・ウッズの場合、記録だけで言えば自分より優れているのはジャック・ニクラウスしかいません。自分よりも優れたプレーヤーにしか意見を求めないとすれば、タイガーはニクラウスの助言しか聞けないということになります。しかしタイガーは違います。自分にとって何が必要なのか、何が正しいのか、一番メリットがあるのは何かという基準で人からの意見を聞き、判断し、活用するのがタイガー流なのです。

ソフトバンクグループの孫正義さんは、投資事業において多くの会社を買収することで会社を成長させていますが、今後の成長の可能性を見極めて投資先をピックアップして育てています。いわゆる先見の明ということですが、こうした本物を見極めるセンスを持つのが本当の一流です。ただ、その背景にはいくつもの失敗もあります。

ビジネスにしてもゴルフにしても失敗の経験の中から良い面と悪い面が浮き彫りにな

ってきます。タイガーもスイングを変えるプロセスにおいて全部が成功ではなかったと思います。最終的に結果は出していますが、それはスイングを変えていくプロセスでスイング構築のプロセスにおける体の反応や、スイングの修得過程がわかるようになったことで、再度スイングを変えるときにその経験が活かされていくのです。このプロセスをしっかり検証し、そこから学ぶことがとても大事になるのです。

仮に、プロであっても、不調から復活しようとタイガーのスイングを真似てもうまくいかないでしょう。スイングを真似るのではなく、**タイガーがそのスイングに至ったプロセスを真似たり、新しいスイングを構築するプロセスを学ぶべき**なのです。上達する仕組みではなく、スイングそのものに目がいってしまい、表面的に見えるものだけを真似してもうまくいきません。**真似するべきは仕組み**ということです。タイガーは、コーチを付けることでこの仕組みをつくり上げていきました。

身につけたばかりのスキルはすぐには役立たない

上達するための仕組み、改革するための仕組みをいかにつくり上げていくかが大事なのですが、その前提として、必要なのは自分はどうありたいかというコンセプトをしっかり持つことです。そして、どのようなプロセスでスイング動作を体になじませていくかをイメージし、いつまでに試合で使えるようになるか計画を立てます。なぜならスイングを変えたからといって、すぐに活用できるものではないからです。

タイガーがコモと組んだ当初、グリーン周りのアプローチショットでトップし、グリーンから大きくオーバーするなど、全盛期のタイガーのプレーを知る人間には信じられないミスが散見される状態でした。ただ、これは新しいことをトライするときに必ず出るエラーです。

私もインドアでレッスンをする際、受講者には「すぐにコースで試しても絶対うまくいかないので、ラウンドに行くなら期待しないで気楽にプレーしたほうがいいですよ」

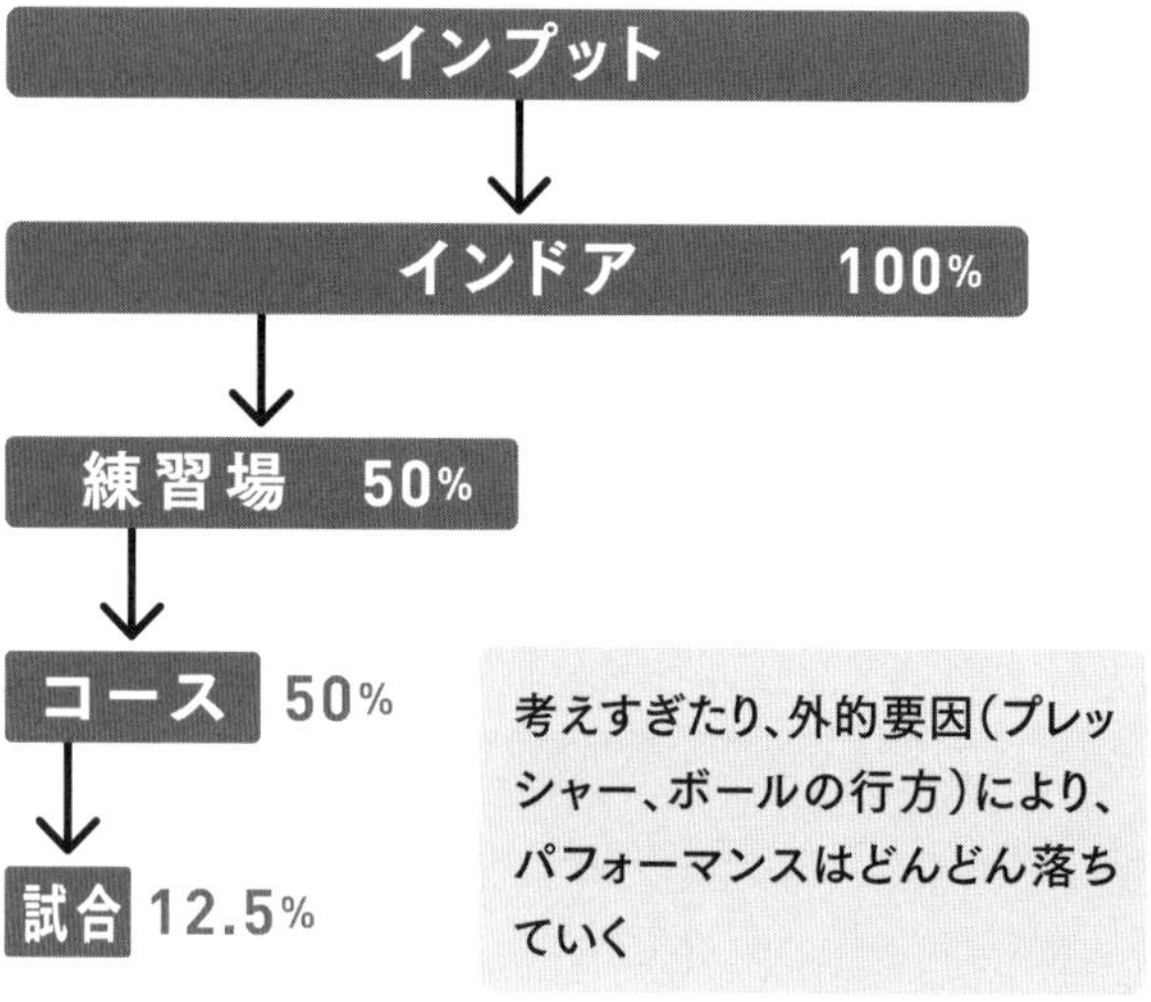

と伝えます。ゴルフの技術習得には、インドアと練習場とコースという3つのステージがあります。試合に出る人なら、プレッシャーのかかる試合という4つめのステージもあります。

経験上言えることですが、技術習得のプロセスにおいて、インドアで100%できることも、練習場では50%しかできません。さらにコースでは25%、試合ではコース練習の半分しかできません。インドアでできたことが試合では12、13%ぐらいしかできないということであり、インドアでできないことはコースでは絶対できないということになります。

これは、インドアで練習したことを、コ

ースに出て、頭で考えながらプレーしようとするからです。技術的なことをあれこれ考えながらクラブを振っても、そのイメージ通りにはなりません。考えることとスイングがリンクせず、別々の動きになってしまうからです。
タイガーが忍耐の時期を乗り越えられたのは、このことを理解していたからでしょう。スイングを練習場で修正してもすぐに100％にはならず、コースでは上手くできない状況にあるとわかっているから我慢ができるのです。

タイガーはスイングを変えて思い通りにいかなくても、最初は気にせず、試合ごとにアジャストしながらピークをどこに持っていくかを考えてプレーしていたため、淡々としていられたのです。
これは目標管理をするうえで非常に大事な考え方です。身につけたばかりのスキルを使えば結果がすぐ出ると思うのはあまりにも安易な考え方です。身につけたスキルは「少しずつ自分にアジャストさせながら目標を追う」というのが正しい方向性です。英会話のフレーズを覚えてもすぐにネイティブの人と会話ができないのと一緒です。

覚えたことを実戦の場で使おうと思ったら、実際に使えるようになるピークを設定し、

そこに向けて習熟させていくことが大事です。

目の前の試合で結果を出すことしか考えない選手は、自分のプレーについてデータの蓄積をしません。蓄積をしないから、ミスしがちな場面や自分に足りないスキルなどに目が行きません。それをいくら繰り返しても、大きい試合にピークを合わせられないため敗戦することになります。

目の前にあることしか見えなくなると、長いスパンで立ち止まりながら課題を修正することができず、ピーク調整に失敗して、大一番の前にいきなり調子を崩すことになりがちです。

すぐに結果を出そうとは考えず、プロセスを踏みながら目標達成することが大事ということです。

PDCAで成長サイクルを回す

私はセミナーや講演で話す機会があるのですが、練習段階で話す内容、話し方、話の組み立て方などのパーツを確認し、実際に人前で話す段階でそれらが相手に伝わるように心がけてわかりやすく話すようにしています。

それを怠ると、10人ほどの聴衆でも緊張するものです。10人でも緊張するのに100人の前だったら記憶が飛ぶかもしれません。やはり本番を迎える前に、しっかりと準備やトレーニングをして臨むことが必要です。

ゴルフの場合、練習でできないことは試合でもできません。自信家の人は「俺は本番に強いんだ」と言うことがありますが、綿密な準備をしなければ良い結果が出る確率は低くなります。

ゴルフの場合、再現性が低いスイングを身につけてしまうと、インドアで動きが100%できるようになっても、練習やコースで良い結果が出る確率は低くなります。

そのため、効率的に技術を向上させてくれるコーチが必要になってくるのです。

再現性の高いスイングを身につけるには、知識と経験のあるコーチが客観的にチェックして修正を図るのが最も効率的です。コーチを付けることで、PDCAを客観性を持って回せるようになります。ひとりでPDCAを回してみても適切なフィードバックがないため、大事なポイントに気づきにくいのです。

ＰＤＣＡとは製造業の目標管理ではじめられたものですが、いまではビジネスだけではなくライフプランなどにも応用されています。目標達成を合理的に行うための考え方です。計画（Ｐｌａｎ）を立て、その計画に従って実行（Ｄｏ）し、実行した結果を検証（Ｃｈｅｃｋ）して、改善（Ａｃｔｉｏｎ）を図る。技術を練磨して勝負に挑むスポーツの世界でも広く活用されています。


自己分析では、自分で気づけない盲点があるものです。分析力は知識と経験によって大きく差が出ます。**専門家には見えても自分には見えない。それが「プロとアマの差」です。この差にこそお金を払う価値があります。**この差を埋めるために、コーチという他者の視点を借りて効率よく現状分析を行うのです。

また、ＰＤＣＡを実施するにあたっては、技術に関する有益な情報をできるだけ多く持っていることが大事です。インプットした情報をもとに計画を立てて実行し、実行したことを検証し、一層の改善・改革につなげていきます。このサイクルを意識せずに習慣的にできるようになると自然に成長サイクルが回りはじめます。

PDCAの具体例

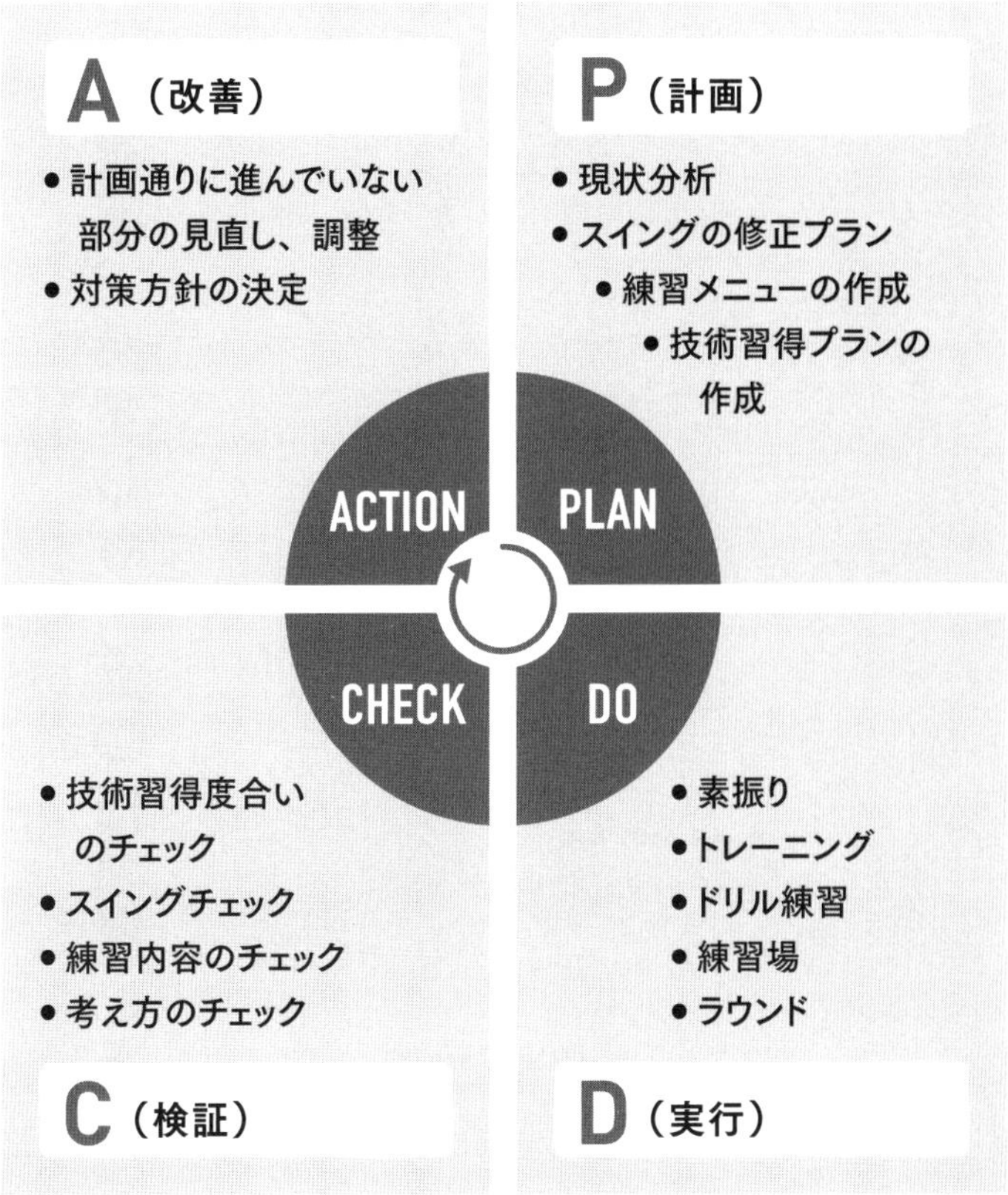

ダメな例

現状分析できない → ひたすら練習 → チェックなし → 改善できない

一流選手、必ずしも一流の指導者にあらず

サッカーでは監督が選手の技術指導も行いますが、監督自身が必ずしも名プレーヤーだったわけではないということがあります。

イタリア代表監督を務めたアリゴ・サッキはプロとしての経験がありません。日本代表監督だったアルベルト・ザッケローニは10代の終わりに早くも選手生活に終止符を打ち、その後イタリア・セリアＡの監督として頭角を現しました。世界的な名将と言われるジョゼ・モウリーニョも選手として実績は残せませんでしたが、20代前半で現役を引退後、スポーツ科学とコーチングを学んだことが監督として大成することにつながりました。

逆のパターンもあります。

私が大好きなバスケットボールのＮＢＡでは、名選手が名監督になれるとは限りません。ニューヨーク・ニックスなどで活躍し、２回もオリンピックの金メダリストとなっ

たパトリック・ユーイングはNBAの殿堂入りを果たしていますが、選手引退後のNBAではアシスタントコーチにとどまり、現在は母校ジョージタウン大学のヘッドコーチになっています。ユーイングの選手としての実績からするとNBAチームの監督になってもおかしくありませんが、いまだに実現していません。

アリゴ・サッキは自分のことについて「騎手になるために、馬に生まれる必要はない」という名言を残しています。監督は、馬に乗る騎手と同じなので、馬になって走る必要はないということです。

ゴルフの場合も、指導者が選手より実績があったり、良いスコアを出す能力がなければならないわけではないのです。

50歳を超えてメジャーを制したフィル・ミケルソン

熟年と言われる年代の50歳を超えて、2021年6月開催の全米プロゴルフ選手権を制して世界中を驚かせたのが、フィル・ミケルソンです。２００4年マスターズで33歳にしてメジャーを初制覇、２０２1年10月現在、メジャー通算6勝を記録したことになります。

ミケルソンはロブ・ショットを得意とする感覚派として認識されていますが、非常に合理的な側面も持っています。これまでのキャリアで5人のコーチに師事していますが、その時々でもっとも自分が求めるものを見極め、コーチを選んできていることにそのロジカルな面が表れています。

ミケルソンは右利きですが、右打ちの父親のスイングを対面で見ながら練習したことで左打ちになったというエピソードは有名で、彼の最初のコーチは父親ということになります。

プロ入り後、コーチを務めたのはリック・スミスです。スミスはかつてジャック・ニクラウスのスイングチェックを行っていたこともある有名コーチです。レッスンに科学技術や情報処理技術が取り込まれる前の世代のコーチですが、大学時代はコーチに教わることに抵抗があったというミケルソンを巧みなコミュニケーションスキルで指導しました。

フィル・ミケルソン（51） Phil Mickelson

photo by
Getty Images

1970年、カリフォルニア州生まれ。生後18カ月でボールを打ちはじめ、海軍パイロットの父親の影響で、ゴルフ以外は右利きだがスイングは左利きという変わり種。1990年、アリゾナ州立大時代に「全米アマチュア選手権」制覇。1992年にプロ転向。2004年、「マスターズ」でメジャー初勝利。2005年「全米プロ」、2013年「全英オープン」勝利。メジャーでは、唯一、全米オープンだけ未勝利。
2021年、50歳11カ月7日で「全米プロ」を優勝してメジャー最年長優勝記録を53年ぶりに更新、大きな話題を呼ぶ。ツアー45勝、メジャー6勝。2012年、世界ゴルフ殿堂入り。

マスターズ・トーナメント：3勝（2004年・2006年・2010年）

全英オープン：1勝（2013年）

全米プロゴルフ選手権：2勝（2005年・2021年）

PGAツアー勝利数：45勝

メジャー勝利数：6勝

次に、かつてNASAの科学者だったデーブ・ペルツをパッティング・コーチに招聘しました。実験と検証を重ねる理論派のペルツのレッスンは、感覚を重視するミケルソンにとって革命的なティーチングになりました。

ペルツのティーチングはボールのスピードとカップインの相関の確率を実験しながら高めてパッティング理論を確立するというロジカルなティーチングでした。

理論のペルツと感覚のミケルソン。一見、相性が悪いように思えます。しかしミケルソンはあえて自分に足りなかった理論的な部分の肉付けを行うことで、自分の限界を越えようとしたのです。この点がミケルソンが非常に合理的な選手だと言える点なのです。

NASA出身のコーチがミケルソンをチャンピオンにした

プロゴルファーとしては日の目を見ることはありませんでしたが、ユニークな経歴からコーチとして成功したのがデイブ・ペルツです。彼はインディアナ大学のゴルフ奨学生で、物理学の専攻でした。同年代のジャック・ニクラウスと学生時代に22回対戦したことがありますが、残念ながら1度も勝てませんでした。大学卒業後にプロゴルファーの道には進まず、NASAで働きはじめました。

当時の指導者のセオリーからすれば、経歴がある人やプロゴルファーが指導者になるというのが一般的でしたが、プロゴルファーの経験がない人がゴルフティーチング界に入り込んで来ました。ペルツは物理学の素養を活かしてゴルフに関するさまざまなデータを取り、科学的に分析することで、ゴルフをロジカルで科学的なスポーツに変えてしまいました。だからこそ、フィル・ミケルソンはペルツを頼ったのでしょう。

ペルツのすごさはそれだけではありません。科学的データに基づいたゴルフ理論を本にして、それが1999年のニューヨーク・タイムズのベストセラーにランクインしたのです。分厚い辞書ほどの重厚感がある本ですが、そこには、彼の専門領域としたパター、アプローチ、トラブルショットについて詳細に分析した情報が詰め込まれています。スイングについては専門外のため、取り上げられてはいませんが、物理学的に計測できるパッティングストローク研究から新しいパターまで開発しています。

有名選手を指導した実績があるとか、ゴルファーとして名を知られていたというのならわかりますが、理論だけをぶら下げて、科学的なアプローチで一気に有名になったのです。

ペルツが有名になったのはミケルソンを指導したからではなく、その指導法が一般に知られるようになったことで、ミケルソンが指導を仰いだというのも興味深いところです。

ミケルソンはペルツの指導により、見事な結果を出すことができました。それまでミケルソンはメジャートーナメントで勝利がなかったのですが、2004年のマスターズで念願の初メジャータイトルを獲得したのです。まさにペルツの理論をミケルソンが実証したことになります。理論が実戦で証明されたというのは、そこに揺るぎない再現性があるということです。逆に、実績をもとに理論を後付けしたものだと、その人にしかできないかもしれず、再現性を担保することができません。**確立された理論があり、誰が行っても再現できるなら、その信頼性は絶大**です。

ペルツとミケルソンが組みはじめた2000年頃、PGAツアーはタイガーが活躍しはじめ、ゴルフはパワーゲームに変わっていきます。練習で球数を打てばいいという時代ではなくなり、フィジカルトレーニングを採り入れ、科学的なアプローチをしないとタイガーには勝てないという時代に変わっていきます。

ペルツ（左）とミケルソン　(photo by Getty Images)

タイガーが躍進したことでミケルソンに火がついたのだと思います。５つ年下の若者が突如として現れてメジャートーナメントで勝ったと思ったら、その後も勝ち続けている。30歳を過ぎてなりふり構っていられなくなったことも、ペルツに教えを請う理由の１つだったのかもしれません。その結果、ペルツとのコンビで、見事に２００４年のマスターズで優勝を果たすのです。

タイガーという存在がなければ、ミケルソンは自身のゴルフスキルをレベルアップしようとしなかったかもしれません。タイガーの出現により、「どうしたらタイガーのように勝てるのか」と真剣に考えはじめたというわけです。

タイガー旋風が吹き荒れる前のゴルフ界では、とにかく真っ直ぐ打つことが良いとされていました。飛距離よりも方向性が重視されていたのです。その流れが、タイガーの、飛距離を出してアドバンテージを取るというゴルフによって激変していきました。

必然的にティーチングも飛距離を出すことにウエイトが置かれ、バイオメカニクスなどの科学的手法やフィジカルトレーニングが発展していきました。ここに技術革命が起こり、ＰＧＡツアーで活躍するにはこれまでのスタイルを大きく変える必要に迫られたわけです。

天才と科学の融合が生み出したメジャー制覇

ミケルソンは長い間、タイガーに辛酸を飲まされていました。ブレークスルーには自分を変えなければなりません。勝つために変わらざるを得なかったのです。そして、変わるためにペルツを頼ったのです。

天才的な才能の持ち主が科学と融合することでメジャーに勝つ方法論を見出したとい

うわけです。ミケルソンが才能だけでメジャーを勝ち続けていたら、ペルツの理論は机上のものと聞き流していたかもしれません。しかしミケルソンは自分に足りないものは何かを究明し、適切なコーチの指導を仰いだのです。

ミケルソンは、ペルツにパッティングの指導を受けた同時期に、タイガー・ウッズの元コーチ、ブッチ・ハーモンにも師事しています。ペルツやハーモンによる指導前後の時期は、タイガーの全盛期。稀代の天才プレーヤーの上を行くために自分のウイークポイントを見つめ直し、穴埋めをするために最適なコーチを選んだのです。

ミケルソンはペルツの理論的なパッティング法で修正を図ったのち、さらにパッティングのレベルアップを狙って、メジャー2勝、PGAツアー10勝の実績を有するデイブ・ストックトンにパッティングの指導を依頼します。それまでのロジカル派のペルツから感覚派のストックトンにパッティングコーチを変え、ロジカルと感覚の融合に取り組みます。

そして2015年から現在までアンドリュー・ゲットソンを専属コーチに付けていま す。それまでのミケルソンの歴代コーチたちは改善点を独自理論を用いて指導していま

フィル・ミケルソンの歴代コーチ

リック・スミス

ミケルソンの初代コーチ。

デーブ・ペルツ

元NASAの科学者で、理論派。科学的データに基づいて、パター、アプローチ、トラブルショットについて著された画期的なゴルフの理論書は、1999年、ニューヨーク・タイムズのベストセラーランキング入り。感覚派のミケルソンはロジカルなゴルフを求めてペルツと組み、2004年のマスターズ優勝（2004）に結びついた。

ブッチ・ハーモン

タイガーを育てたゴルフ界のレジェンド（23ページ参照）。ミケルソンはハーモンと組んだ8年の間に、マスターズ（2010）、全英オープン（2013）を制し、ツアー12勝を上げている。

デイブ・ストックトン

「パッティングの巨匠」との異名をもつプロコーチ。メジャー2勝、PGAツアー10勝の実績がある。理論派のペルツとは真逆の感覚派。ペルツからストックトンにコーチを変更することで、ミケルソンはロジカルと感覚の融合を図り、新しい次元に進もうとした。

アンドリュー・ゲットソン

気づきをもたらすスタイルで、ミケルソンのゴルフを支え、2021年、50歳という史上最高齢での全米プロ優勝に貢献した。

した。しかし、今までのコーチとは異なり、ゲットソンはスイングをチェックして現在の状態を伝えながらミケルソンに気づきを促し、２人が意見交換しながら修正を図っていく方法を取っています。ミケルソンがそれまでに蓄えてきた知識や経験を上手に引き出しながら、自分自身がどうしたいのか、どうフィットさせればいいのかを考えさせるコーチングです。

こうした思考プロセスはとくに成功した人には腹落ちしやすく、とても意味のあることだと思います。ベテランほど人との対話により、自分には何が必要かがはっきりと見えてくるからです。

地道なルーティンがもたらした51歳目前メジャー優勝

50歳近くにもなれば、筋力や柔軟性が落ち飛距離が落ちるものです。それがミケルソンの場合、２０１７年は２９３・５ヤード（89位）だったドライビング・ディスタンスが、２０２１年には３０１・８ヤード（54位）と、８・３ヤードも飛距離を伸ばしています。

この裏には、フィジカルトレーニングやバイオメカニクスの導入による身体の使い方の変化がありました。バイオメカニクスをとり入れ、下半身の使い方を改善することで、50歳を超えても平均300ヤードの飛距離を実現しています。

この流れの中で2021年の全米プロゴルフ選手権優勝を果たしました。ストイックに練習に打ち込み、生活習慣も整えて体を絞り込んだ結果、驚異的な大記録を生み出したのです。

ゲットソンとミケルソンはもともとアリゾナ州フェニックスのグレイホークGCのメンバーとして親交があったそうです。私がゲットソンのティーチングを学ぶためにグレイホークGCを訪れた際、ゲットソンは次のように語ってくれました。

「フィルとは友人同士だったが、コーチの話は出たことがなかった。それがどういうわけか2015年のプレジデンツカップの前に『コーチをやってくれないか』と相談されたんだ」

ミケルソンほどのキャリアがある選手なら、スイングの技術的な知識は豊富に持っています。そのため、ゲットソンはスイングの基礎的な部分のチェックを行っています。

フィル・ミケルソンのコーチ、アンドリュー・ゲットソンに指導を受ける筆者

「私は、指導において重要なことは基礎のチェックとコミュニケーションだと思っている。フィルにはセットアップでの姿勢、グリップ、方向性のズレなど、スイングをする前段階としての基本部分のチェックを行っている。そしてその状態を正しく伝えられる関係性が求められる」（ゲットソンの談話）

51歳の誕生日を翌月に控えて全米プロゴルフ選手権を制することができたのは、スイングの基礎的な部分のチェックを怠ることがなかったからです。

こうしたルーティンを続けられるからこそ、長い間、第一線で活躍し続けることができるのでしょう。

一流を目指すには専門知を集めることが必須条件

アメリカの4大プロスポーツのバスケットボール、野球、アメリカンフットボール、アイスホッケーでは、トップアスリートは専門分野ごとにコーチがいて、科学的なトレーニングを行うことが一般的です。

PGAツアー選手の場合、スイング、アプローチ、パッティングなど専門分野ごとのコーチを付けています。スポーツ文化が発達しているアメリカではこれがセオリーになっています。

もちろん、各分野のエキスパートですから、それなりの専門性があります。そうしたコーチにひとりずつお願いするとなるとお金がかかりますし、セレクトする手間もかかります。しかし、その結果が成績と収入に直結することを彼らは知っているのです。深い専門性を持つコーチに対してのリスペクトを持って、必要に応じてコーチを雇うのです。

ビジネスの世界でも同じようなことが言えるのではないでしょうか。

スタートアップの場合、創業者のアイデアや営業力で、はじめはなんとかできるかもしれません。しかし、会社として組織になっていくにつれ、勢いだけではなく、マネジメント体制を整備する必要が生じます。経理・財務のプロ、法務のプロなど会社の規模が大きくなるに従い、専門性のある人を雇うことになります。それではじめて、一人前の会社と言われるようになります。

さらに上場を目指すのであれば、上場に必要な専門性のある人たちの力を借りることになります。タイガーを経営者にたとえれば、異なる会社を３回も上場させたようなものです。

会社において、専門職の人を代えることがとても大変なように、ゴルフでコーチを代えることは大きな決断を要します。

そしてゴルフの場合は単に人を入れ替えるだけでなく、自分自身の体も変化させなければなりません。頭ではわかっていても、体が簡単には付いていかないため、相当な覚悟と決断が必要です。

体をパーツごとに取り替えることはできないので、体に動きをインプットし、アジャストさせるまではとても大きな労力と時間が必要になります。

第2章

チーム
マネジメント
の原則

チームスポーツとしてのゴルフ

ゴルフは個人競技のため、プロゴルファーというとどこか一匹狼的に見られているところがありますが、実はコミュニティーやチームをとても大事にしています。とりわけPGAツアーの一流クラスの選手たちはその傾向が顕著です。

ゴルフに限らずプロスポーツは年々、レベルが上がってきています。昔なら1人で黙々と球を打てば十分でしたが、科学的な理論やツールを使いはじめたことで技術向上のスピードが急速化しています。スポーツを取り巻く環境が激変しているため、技術を細分化して高めなければ、そのスピードに追いついていけません。

これは医療の現場と同じことです。かつては内科なら内科医が病状を診て、その医師が治療を施すのが当たり前でした。いまは医療の進歩により、チーム医療が一般化しています。難しい病気であればあるほど、多種多様な医療専門職が1人の患者にかかわり、適切な医療を実現しています。

ゴルフも同様に、技術分野1つに対し1人の専門家に委《ゆだ》ねることで、より高度な技術向上が図られるわけです。裏を返せば、1人のコーチですべてに対応することが不可能なくらい、1つ1つの技術分野が高度になっていることの表れです。

心臓手術が必要な重篤な患者ならエキスパートの専門チームが組織され、術後は経過観察を専門とするスタッフがかかわり、その後完治に至るプロセスでは徐々にスタッフが少なくなっていく。そんなイメージがPGAツアーのチームです。

専門性がより重視されるゴルフのコーチですが、近年ではスイング、ショートゲーム、パッティング、メンタルなどに細分化されています。それ以前は技術系のコーチが1人でスイング、ショートゲーム、パッティングなどを指導していましたが、21世紀に入ってから専門化していきました。ゴルフがスポーツとして進化した表れとも言えるでしょう。プロ・アマ含めて、プレーヤーのレベルに合わせて指導の仕方も大きく変わってきています。

学校教育において、小学校、中学校、高校、大学ではそれぞれレベルによって教育内容が違うのと同じです。ゴルフ初心者には小学校の先生のように基本的なことを教えることが可能ですが、中学生以上になれば教科ごとの先生が必要です。さらに高度な教育になれば、それに見合ったレベルの先生でなければなりません。プロであれば、大学教授レベルの高度な専門性を持ったコーチが必要になります。

スコアが１００を切るかどうかの人がパッティングコーチを付けてもあまり意味はありません。初心者に最適な指導者は、小学校の先生のように基本をすべて教えてくれるコーチでしょう。「１＋１」を教わるのに、高校の数学の先生は必要ないのです。

ですが、トッププロともなると、難解な数式を解かなければなりません。必然的に専門性のあるコーチが必要となるわけです。

パッティングとショットという分野を見ても、教え方には物理と数学のような違いがあります。パッティングの場合、振り幅は小さく、運動というよりは物理現象に近い動作です。パターをどのようにボールに当てるかがパッティングにおけるティーチングでは重要視されます。

一方、ショットはフィジカルの要素がかなり強いので、パッティングとは行う動作が異なり、必要とされる技術が違うのです。

一流プレーヤーのチーム構成と運営の現状

ＰＧＡツアーの一流選手は細分化された専門性を持つコーチを付けるのが一般的です。もはやＰＧＡツアーで、チームでなければトップを狙うことは困難な世界だと言えるでしょう。

トッププロのチーム構成は、スイングコーチ、パッティングコーチ、フィジカルトレーナー、キャディー、マネージャーが基本です。加えてマネジメント会社が必ず参画しています。マネジメント会社はツアーの移動手段や宿泊施設の手配、取材対応などの広報活動、選手の肖像権管理やスポンサー契約などプレー以外の周辺の仕事を担当します。

一流スタッフを揃えようと思えば、当然ギャランティーは高額になります。契約内容によりますが、選手が賞金を得れば、そこから報酬も支払う必要があります。

ＰＧＡツアー選手の場合、１００位以内だと年間の賞金は２億円をくだりません。これに加え、スポンサーからの収入もあります。ＰＧＡツアーのシード１２０位以内の選手にはほとんどスポンサーが付きます。だから、コーチへの〝経費〟をまかなうことが可能となります。

チームをマネジメントするのは選手の役割

トップで戦う選手は自分自身でチームをマネジメントしていかなければなりません。いうなれば選手は監督兼ゼネラルマネジャー（ＧＭ）のような役割です。ＧＭは適材を集めて組織づくりを担います。野球で言うならば、監督とＧＭを選手が自分で担い、コーチやフィジカルトレーナーを招聘《しょうへい》して結果を出させるイメージです。

ただし、最終的に目指すゴールとゴルフスタイルのコンセプトは、選手が明確に示す必要があります。

このように、海外ではプロのコーチやスタッフとチームを組むことが一流プレーヤーとして戦い続けるための条件になります。適材適所の人材を組織するのは、選手の役割

PGAのゴルフチームと他のチームスポーツの違い

ゴルフ（PGAツアー選手）
選手が監督、GM（ゼネラル・マネジャー）を兼ねているイメージ。選手が自らコーチやフィジカル・トレーナーを招聘してチームを編成することが一流プレーヤーであるための条件。

他のスポーツ（野球、サッカーなど）
選手、監督、コーチ、GMは原則として別々の人が担う。チーム編成はGMの仕事。選手は編成にノータッチ。

なので自ら適材を探し求めています。**成長にとって必要なのは、自分を変えてくれる人に教えを受けること**です。そして、その教えを受ける姿勢や取り組み方が大事になります。

学校で先生の授業を受け身で聞き、右の耳から左の耳に抜けてしまうようでは意味がありません。ここでは、先生を自ら見つけて教わるというマインドが成果に大きな違いを生みます。大学でも自ら選択し興味を持った先生の授業なら熱心に受講するものです。

これと同じで、ゴルフを上達したいなら、自分でメンターや師となる人を見つけて、教えを請うことです。自分で師を探すことが上達の出発点ですが、ここが欧米と日本では温度差があります。

指導を受ける側の選手は、ただ知識を得るだけではなく、また対症療法的に技術を改善するのではなく、自分のゴルフのビジョンをはっきりと描き、それに向けてのプランを立て、どのようなプロセスでその計画を実行していくのか。上達するためにはゴルフ人生のビッグピクチャーを描き、長期プランを持たなければいけないと思います。

ゴルフ人生をいかに自らマネジメントしていくか、ゴルフ人生のプロジェクトマネジメントをどう進めていくかということが大切になるのです。

トッププロはキャリアを逆算して計画する

欧米のトッププロは億単位のお金を生み出すプロジェクトリーダーとして、ゴルフ人生を計画している人が多いように見受けられます。

彼らは、まずはプランをしっかり立てることからはじめています。

当たり前のことですが、プランを持たないリーダーについていきたいと思う人はいません。ビジネスでも社長が会社をどのように成長させてどの規模の会社にするか、いつ上場するかなどを決めておくのが当たり前です。

アマチュアゴルファーの場合、スキルアップを望むのであれば、上達のプランを明確にすることが必要です。まずゴールを設定し、そこから逆算して考えるのです。シングルプレーヤーを目指す場合、まずシングルプレーヤーになるために必要なスキルや条件をリストアップします。そして、１００を切り、70台を出すまでにどのくらいの期間を要するかを決めます。

目標達成のための期間が決まれば、どのように取り組むのかが決まります。費用をかけてでも早く上達したいのなら、優秀なコーチのいるスタジオや、最新の測定機器のあるレッスン場に足繁く通うことも選択肢となるでしょう。費用をかけずに時間をかけて上達していくというのなら、ときどきコーチに見てもらいながら、家で地道な基礎トレーニングや体力づくりに励むという方法もあります。技術面ではコーチの考えを聞きながら、技術的な課題を細分化してプラニングできれば最高でしょう。さらに、どれくらいの時間や費用をかけるのか明確にすることも大事です。

要するに、ただ「シングルになりたい」と漠然とした希望を持つのではなく、どのような段階を踏んで実現していくのか、現実的で具体的なプランが必要だということです。

世界で活躍することを目指す20代のプロゴルファーなら、30歳までにＰＧＡツアーで何勝し、メジャーは30歳から35歳の間に取れるようにしようとか、45歳ぐらいまで第一線で活躍したいのでフィジカルを強化しておかなければならないなど、ビジョンを描いていなければやるべきことが定まりません。

このビジョンに基づいてＰＤＣＡ（58ページ参照）を回すことで、技術的な課題や身体的な課題について、そのプロセスの中でどう対処するかが見えてきます。ビジョンをもたず、ＰＤＣＡを回さない選手は、目の前のことを頑張るだけで終わります。

ビジョンに基づいてＰＤＣＡを回すというのは、毎日積み上げていくのではなく、ゴールから逆算してやるべきことを決めていくことになります。

人は理想や目標が明確になっていないと目的地がわからず、不安になります。逆に行く先が明確になっていれば、やる気が起きます。前進する力は、理想や目標がはっきりと自らの課題になってはじめて生まれます。

また、ゴールを決めても、その間のプロセスで何をすべきかがわからなくなることがあります。目標に至るプロセスを具体的にする作業を担うのがコーチというわけです。

コーチとは、言わば案内人の役割です。

登山でもいろいろなルートを知っているガイドがいれば、その人についていけば安心です。でも、ルートを熟知したガイドがいないと迷ってしまい、時間も労力もロスします。ゴルフ界の頂上を目指すには大変な労力と時間が必要なため、ガイドなしでは断念せざるを得ない可能性も高まるでしょう。

つまり、プロフェッショナルのコーチを招聘するということは、目的地への近道を見つけることと言えるでしょう。

ゴルフで世界の頂点に立つのは、登山で言えばエベレスト登頂に挑戦するようなものです。ガイドを雇わず自己流で登ろうとすれば、険しい道のりとなるでしょう。

成功する仕組みをつくる

仮に、ある選手がゴルフ界で頂点に立ちたいという夢を描いたとしたら、そのために必要な戦略や技術をどうするかを考えることからはじまります。どのようなコース戦略で攻め、スイングやパッティングの技術をどう改善するかというプランを立て、具体的にそれぞれのテーマにフォーカスすることが夢への階段をのぼる第一歩となります。

それが、成功への仕組みをつくるということです。その仕組みが回り出すことによって、いずれ結果がついてきますし、お金も入ってきます。そのお金をより高度な技術を身につけるために再投資すればいいのです。

プロゴルファーとしてのレベルアップのためには、長期的な視点や展望が重要になります。すぐにレベルアップして、一流プレーヤーの仲間入りを果たそうと思っても、よほどの素質がないかぎり簡単には実現できません。

実力をアップさせる必要があるゴルファーは、目先の結果を出すことに焦るのではなく、中長期のプランを明確にすることが必要になります。

トッププロのメンタルトレーニング法

メンタルのトレーニングは心理学や脳科学についての知見が必要になるため、博士号を持った専門家が担当するケースがあります。

メンタルトレーニングでは選手から課題を聞き出してルーティンを提案したり、パフォーマンスを上げるための考え方を具体的な話を通して選手と共有します。例えば、緊張する場面で気持ちを落ち着ける方法などが指南されます。

実力も実績もあるプロゴルファーでも大一番のときに緊張することがあります。人はできるかどうかわからないときに緊張しがちです。高所にある30センチほどの幅の板を歩くことには恐怖を覚えても、地面に置いた板の上ならなんなく歩けるように、状況によって緊張の質が変わるのです。

ですから、平常心なら、プロゴルファーは毎回ボールを真っ直ぐ飛ばすことができますが、メジャーの優勝がかかる1打では、断崖絶壁に立ったように緊張するわけです。そうした状態を落ち着かせたり、緊張していても冷静な判断ができるように訓練するのがメンタルトレーニングです。

メジャーを何度も勝っている選手が、毎試合のように緊張を強いられる場面に遭遇しているにもかかわらずメンタルトレーニングを受けているのは、ゴルフトーナメントで勝つには常に心のバランスを維持する必要があるからです。

緊張を強いられる場面で結果を出すにはインテリジェンスも大事です。**状況を正しく判断できる賢さが一流と二流の分岐点**でもあります。一流の選手の話を聞くと、言葉の端々に熟考と分析の跡が見えます。

さらに、**一流の才能を持ちながらも学びを継続している選手は選手寿命を伸ばしています。そして選手寿命が終わっても、次のステージにうまく切り換えることができています。**

本から学ぶ、人から学ぶなど学び方はさまざまですが、とくに、**失敗した人の経験談からの学びは得るものが大きい**でしょう。

失敗談からは、失敗しない方法を学ぶことができることに加え、疑似体験による知恵を得ることができます。成功する方法を知ることも大切ですが、成功には偶然の要素が多く、失敗や敗北には明確な原因があるものです。失敗を知ることで負けない方法を学ぶことができることが重要なのです。

ヤクルトや楽天の監督を務めた故野村克也さんが「勝ちに不思議の勝ちあり、負けに不思議の負けなし」と言いましたが、これは勝負の世界では真理でしょう。

韓国選手が世界で活躍する背景

韓国のプロゴルフ選手はコーチを付けることに積極的です。韓国はもともとゴルフが盛んな国ではありませんでしたが、パク・セリがメジャー（ＬＰＧＡ）で大活躍したことでゴルフ人気が爆発しました。実は当時の彼女のコーチは世界的に有名なデビッド・レッドベターでした。このことをきっかけに、欧米のコーチと組むと結果が出るという成功体験が韓国選手の間に広がったことで、いまでは躊躇なく欧米のコーチの指導を受

朴セリ（パク・セリ）のツアー成績

優勝数

LPGAツアー：25（内、メジャー5）

韓国LPGA：7（他にアマチュアとして4勝）

LPGAメジャー選手権成績

全米女子プロゴルフ選手権：3勝（1998,2002,2006）

全米女子オープン：1勝（1998）

全英女子オープン：1勝（2001）

けるようになっています。

欧米のコーチに学ぶことが、選手だけでなく韓国人コーチにも広がった結果、韓国のゴルフティーチングの質は非常に高まっています。

こうした中で、韓国は女子だけでなく男子もレベルが急激に上がってきました。男子の場合、PGAツアーの選手の数は日本を上回ります。ただ、韓国は国内ツアーの数が少ないうえに賞金も低く、プロとしてやっていくには必然的に海外に出ることになります。日本では国内ツアーだけでもプロとして生活できてしまうので、韓国選手のようにあえて海外に出なくてもいいというわけです。

そうした背景があって、韓国選手は海外挑戦にアグレッシブになるわけです。多くの選手が賞金の多いPGAツアー参戦を考えますが、そこで通用しなければ日本やその他の海外ツアーでプレーすることになります。

こうした成功モデルが後押しして、韓国では韓国ゴルフ協会と韓国政府が協力してジュニアゴルファーの育成に注力しています。男女それぞれ30名ほどのジュニアが強化指定選手に選抜され、その中からナショナルチームが編成されます。合宿や国際大会の参加、道具の支給などの特典を受け、英才教育が行われます。

近年、韓国のプロゴルファーが世界の舞台で活躍しているのはこうした環境によるところが大きいのです。

日米のゴルフ環境の違い

欧米ではプロゴルファーというと、試合に出て賞金を稼ぐトーナメントプロとゴルフを教えるプロゴルファーに大別できます。プロゴルファーはゴルフを教えるだけでなく、ゴルフクラブの経営も行います。

そして全米プロゴルフ協会が運営する教育機関ではゴルフを教えるスキルと、クラブプロとしてゴルフ場経営のノウハウを学ぶことができます。

全米プロゴルフ協会ではそうしたプロたちにライセンスを発行していますが、権威としての資格というよりも、技能を身につけた証明という意味合いが強くあります。

民間には「ティーチャー・オブ・ティーチャー」というゴルフティーチングスキルを教えるプロもいて、彼らはプロゴルファーのための教育プログラムなどを独自に考え、それが1つのビジネスにもなっています。

このように、それぞれの分野でティーチングスキルを磨いた人たちが、PGAツアーに参戦する選手を指導しているのです。

米国の場合はゴルフティーチングの文化が根づいているので、本格的にプロゴルファーを目指そうと思ったらプロから指導を受けます。早い人だと6歳～12歳で指導を受けて専門的な技術を学びはじめます。基本技術を徹底的にマスターし、ツアーに参加するのです。

私が渡米した理由

当初、私はツアープロを目指しましたが思うように結果が出ず、28歳のときに選手としてのキャリアを諦《あきら》めました。ツアープロの道は断念せざるを得ませんでしたが、これまで携わってきたゴルフティーチングの道に舵を切りました。

レッドベターのティーチング理論を学んだインストラクターに教えを受け、ゴルフレッスン活動をはじめました。

その後、独立してレッスン活動を行うことになったのですが、「さぁ、これからだ」というときに、東日本大震災（２０１１年３月11日）が起きました。

独立したばかりで、生活の不安、将来への不安に苛《さいな》まれ、３カ月間は毎日３時間ほどしか眠ることができませんでした。救いだったのは、クライアントからレッスンを受けたいというお声がけをいただいたことでした。

その後、レッスン事業は軌道に乗り、少し気持ちにゆとりも生まれてきたこともあっ

ゴルフティーチングに革命を起こしたレッドベター

て、将来のことも見据えていろいろ勉強したいという気持ちが沸き起こってきました。

そこである勉強会に参加することにしたのですが、ここで講師の方に、

「レッドベターの理論を教えているというのなら、レッドベターに会って直接教えを受けてきたらどうですか」

と言われたのです。そのとき、費用と時間のことを考えて反射的に「無理です」と答えてしまいました。そもそも連絡先を知りませんし、アメリカに行くなら少なく見積もっても1週間は必要です。その間、仕事を休めば当然収入はありません。

しかし、そのひと言が頭から離れませんでした。それからおよそ1年後、意を決し

てアメリカに渡りました。アポもなければ、英語も話せません。もちろんつてもありません。今考えると無謀以外の何物でもありませんでした。

手がかりを得るため、レッドベターが現れそうな場所を調べて、直接会いに行くことにしました。英語が話せないので、手紙を用意していきました。そこで奇跡的にレッドベターに会うことができ、「あなたをリスペクトしている。日本であなたの教えを実践しているのでぜひあなたから学びたい」という内容の手紙を渡したところ、「連絡先をアシスタントから送る」と返事があり、そこからレッドベターとの関係がはじまりました。

その後訪れたフロリダ州チャンピオンズゲートにあるレッドベターアカデミーの本拠地では、いままでに見たこともない高価なゴルフティーチング機材や、足裏の体重移動によって飛距離を伸ばすティーチングスキルなど、見るもの知るもの驚きの連続でした。

本格的にレッドベターから学ぶ

2012年頃、レッドベターのご子息が中国でゴルフアカデミーを開いていた関係で、

イベントでのレッドベター

レッドベターはよく中国に来ていました。中国から帰るタイミングに、日本に寄ってアマチュア向けレッスン会を開催できないかレッドベターに打診したところ、２０１３年７月、レッドベターのレッスンイベントをイーグルポイントＧＣ（茨城県）で開催することができたのです。
私はイベントの主催者を経験したことがありませんでしたが、すべて手弁当で集客も運営もやり抜きました。レッドベターの高額なギャランティーも含め、それまでの人生で最大の投資でした。失敗したら破産もあり得るレベルでしたが、妻が、「やったらいいいんじゃない。そんなチャンス、なかなかあるもんじゃないわ」と背中を押してくれました。

暗中模索の中で行ったレッスン会のため、いろいろな人に相談や助力をお願いしました。

多くの方に親身になって助けていただいたおかげでイベントを形にすることができました。

レッスン会はレッドベターが大変協力的であったこともあり、翌年にもう1回開催することができました。こうしてレッドベターとの関係性が強くなっていき、「何かあったらいつでも協力するよ」と言ってくれるまでの関係になりました。実際、私がゴルフスイングの指導書を出すときには帯の推薦コメントを送ってくれましたし、フロリダのレッドベターアカデミーの施設を自由に使わせてもらえる関係性です。何より、彼の人脈から有名なゴルフ関係者とつながれたことが財産になりました。

レッドベターの信頼を得るようになってから、毎年アメリカに行くようになりました。1回行くとおよそ1カ月の滞在で、アメリカ各地のゴルフ施設で有名コーチに指導法を学びました。その後、アメリカを中心にアジアなども含めて、多い年だと毎月海外に渡り、新しい情報を仕入れてきました。その原動力は知的好奇心によるところが大きく、全てのゴルフティーチング理論を学びたいという一心からでした。

この頃、集中的に、そして貪欲《どんよく》にゴルフの指導技術を学んだのですが、2日や3日といった短期集中型のセミナーや勉強会に行くのが一番効率的な学習法でした。直接指導を受けたいコーチがいればその人の本拠地まで行き、自分が納得するまで個人レッスンを受けました。この〝学習期間〟は8年ほど続き、世の中に存在するゴルフスイング理論はほとんど学ぶことができたと思います。

多くの時間とお金を投資したことでゴルフティーチングに対する知識と、揺るぎない自信を手に入れることができました。

こうして有名コーチからさまざまなことを学びましたが、彼らの中にトッププロを教えている人がいることを知り、それからPGAツアーにも行くようになったのです。

ツアープロとのかかわり方

2019年、「ゴルフダイジェスト」レッスン・オブ・ザ・イヤーを受賞したクォン教授（左）と著者

最近では海外での学びをもとにコラムを書いたり、書籍を出すことで、少しはゴルフ界で名が知られるようになりました。２０１９年にはヤン・フー・クォン教授とともに「ゴルフダイジェスト」レッスン・オブ・ザ・イヤーを受賞することができました。それに伴い、プロゴルファーからスイングを見てほしいという話が寄せられるようになりました。ただ、私はあまり積極的にプロゴルファーを教えたいと思っていません。

昔はコーチとして有名になるには、プロと組むことが一番早くてベストだと思っていました。「○○プロの指導をしている吉田です」というのが、自分のレベルを示すには一番わかりやすい方法です。しかし実際に選手を指導するのは、精神的にも時間的にも大変なことです。レッドベターにも、

「選手との付き合いはやりがいもあり、結果が出ればキャリアにも大きなインパクトがある。だが、多くの時間と精神的貢献が必要になる」

と言われました。ツアー選手のキャリアや人生に影響を与えることになるため、教える側にも責任を負う覚悟が必要になるのです。

仮に選手と組むのであれば、その選手に人生を賭ける価値があるか、一緒に仕事をして楽しいかの、どちらかのタイプでしょう。

そして、選手と指導者は互いにリスペクトできることが大事です。指導者がプロの機嫌を取るために下手《したて》に出るだけの関係では発展性はありません。性格的に身近に常にいるコーチというよりも、コンサルタントとして少し遠くでアドバイスを行うほうが性に合っていると私は思っているのです。

第3章

成功の原則

コーチ選びは目的と目標に照らし合わせる

私はPGAツアーの選手が新しくコーチを選んだというニュースを聞いたとき、その選手が何を求めていて、どのような考え方を持っているのかがわかります。それは私がほとんどの欧米のゴルフコーチを知っており、コーチのプロフィールやどの分野に特性を持つかを理解しているからです。

選手がどの分野を強化するかによって誰をコーチに招くかが決まります。コンセプトが曖昧《あいまい》なまま、コーチに「とりあえず助けてほしい」という選手には長期的なプランがないことがわかります。

逆に、明確なコンセプトを持って取り組んでいる選手は、有名無名にかかわらず自分に合うコーチを招聘します。クリス・コモを招聘したタイガーがまさにそうです。

目的や目標が明確でなければ、正しい選択はできません。そしてそれらは、具体的であることが大事です。

ゴルフに限ったことではありませんが、**目的を明確にし、目標設定を行い、そこに向けて具体的な方法やツールを選択することが上達や成長を確実にしていきます**。車の運転でナビに目的地を入れて最適なルートを選択するときと同じです。

第二次大戦での日本軍敗戦の要因を検証した『失敗の本質』（中公文庫）という本に書かれていましたが、目的や目標を明確にせず、戦略も立てず、かつての成功体験にならって物事を進めてしまうと誤った判断に直結します。

正しい選択には、情報収集が必要です。ネット検索でもいいですし、情報を持つ人から直接教えてもらったりするなど、数多くの情報を入手することです。そのうえで、実際の現場に行き、セレクトしたコーチに気軽に習ってみることで、コーチの特性を判断することができます。１度では本当に自分にとって適正なのかはわからないので、良し悪しが判断できるまで何度か試してみるといいでしょう。

もちろん、コーチに実績があるにこしたことはありませんが、問題はその中身です。

有名選手の指導歴がコーチの箔《はく》になることがありますが、コーチの指導で選手の成績が上がったのか、選手自身の能力で成績を出したのかについて確認しておくべきでしょう。

コーチが選手の成績を伸ばすには、ゴルフ理論の知識を弛《たゆ》まず蓄積し、指導内容の理論的背景がしっかりしていることが基本です。

実績よりもむしろ、深い知識や、体系的な指導方法をもっていることのほうが重要です。理論がしっかりしていて、それが結果に結びついているのなら、再現性があるということです。このロジックがしっかりしていることがコーチ選びの重要なポイントになります。

成功するには成功の仕組みを知る

アメリカでは前項で解説したコーチ選びがシステマティックに行われていて、これがPGAツアーの選手たちの実力をどんどん上げることに直結しています。

日本人選手が世界で活躍するためには、身長、体力、筋力が必要だと言われることがあります。しかし、欧米の選手が１９０㎝以上の大男ばかりかというとそんなことはありません。１８０㎝に満たない、日本人の体型と変わらない選手でも活躍をしています。日本人と同様な体型の選手でも勝てるということは、ゴルフはフィジカルな要素以外の部分が大きいということが言えます。

体格がものを言うスポーツなら体格差が勝負の分かれ目になりますが、ゴルフは道具を使うので技術でその差はカバーできます。

これは日本でチェーンストア経営研究団体（ペガサスクラブ）を主催した渥美俊一《あつみしゅんいち》氏の本（参照『21世紀のチェーンストア』実務教育出版）や渥美氏を知る人物から聞いた逸話で知ったことですが、イトーヨーカドーやイオンなどのチェーンストアが日本で成長した背景には、アメリカのシステムの模倣があったそうです。アメリカの小売業が大規模で運営できているのはなぜか、品揃えや店舗内のオペレーションはどうなってい るのか、本社機能と各店舗との連携はどうなっているのかなど経営システムを事細かく調べ上げて、その秘訣を日本でも応用すれば、大規模なチェーン展開を果たすことができるという仮説を実施した結果、いまの日本のチェーンストア産業の姿があるというのです。

アメリカの成功モデルを日本に合わせて導入して成功した事例ですが、ゴルフでもまず成功の仕組みを知ることがスタートラインです。日本人選手が世界で活躍するには、成功の方程式をゼロから自分でつくろうとせず、すでにあるものを活用すればいいのです。


自分の課題を解決できるスキルを持つ人を見つけたら、三顧の礼をしてまでお願いする気概が必要だと思います。日本でも人気の『三国志』の主人公、劉備玄徳《りゅうびげんとく》も諸葛亮《しょかつりょう》孔明《こうめい》を見つけなければ、蜀漢の王にはなれませんでした。強い武将や豪傑がたくさんいても、それだけでは勝負に勝てません。戦略を練り、戦略に沿って戦術を展開することが世界で戦うゴルフチームにも共通しています。

戦略的な視点がないと、目の前の敵と戦うことだけに終始します。軍師的な人を三顧の礼で迎え、戦略を持って戦うことで勝利の確率を上げていくことができます。戦略があってこそ、戦術や軍事力がいきるのです。いつの時代も、戦略なき野蛮な戦いが、最終的に勝利をもたらしたことはありません。

科学に裏打ちされたティーチングしか役に立たない

日本人は、努力と根性が好きだと言われます。『巨人の星』や『アタックNo．1』、『あしたのジョー』など昭和時代のスポ根アニメの影響が強いのかもしれません。アメリカ人は方法論を知り、それに則って努力しますが、日本人は〝頑張ること〟が、最上位という印象を受けます。

世界のスポーツ界で根性論は風前の灯火です。世界を舞台に戦う選手たちを支えているのは、科学的な理論に裏打ちされた技術指導や知識であり、それを潔く学んだ各分野の専門家（コーチ）たちです。

ここで、興味深い記事を見つけたので引用します。やみくもに頑張るのではなく、技術を磨きあげていくエビデンスをともなった科学的方法論をベースに監督が選手たちを指導し、練習に励んだ「チーム」が結果を出したという内容です。

スーパーゴール、僕たちはできる　5人制サッカー　東京パラリンピック

世界ランキング3位のスペインを破った。日本の高田敏志監督は泣きながら選手たちを抱きしめた。「うれしいの一言です」。初めてのパラリンピックで5位に入った。

2004年アテネ大会で採用された5人制サッカー。02年に代表が発足した日本はアジア予選を突破できない状況が続いていた。転機となったのが15年の高田監督の就任だ。監督は選手と話す中で気づいた。「彼らは障害者だからできないというのを嫌がる。みんなと同じサッカーをやりたいと思っている」

大学までGKとしてプレーした高田監督は指導者をめざし、欧州へ渡った経験がある。ドイツの強豪バイエルンミュンヘンやイタリアの名門ACミラン、パルマで研修を受けた。そこで学んだのが分析の手法だ。「サッカーで生じる現象を一つずつ分解して、データにし、なぜそれが起きたのかを突き詰めていた」

目の見えない選手たちに、欧州で学んだことを応用してたたき込んだ。

味方同士の距離を3メートル以内に保ったまま相手を囲む守備を磨き、ドリブル

では簡単に抜かれないようになった。低酸素トレーニングを導入して体力を強化。選手の走行距離や心拍数を調べ、交代のタイミングをパターン化した。02年から代表に選ばれている黒田智成は「サッカーをたくさん勉強させてもらった」。5、6位決定戦。決勝点は選手とボールの動きを細かく決めていたセットプレーから生まれた。川村怜（りょう）が右CKで浮き球のパス。バウンドしたボールのかすかな音を聞いた黒田が右足のダイレクトで決めた。高田監督は言った。「目が見える僕でもできないプレー。だけど彼らは『人間の可能性を証明したい』と、たくさん練習してきた」

「サッカー」に向き合った6年が生んだスーパーゴールだった。

（2021年9月3日　朝日新聞デジタル）

私は、ゴルフのティーチングを仕事にするにあたって、知識や技量のレベルを上げるために多くの学びを得て知識と経験を蓄積してきたことで、誰に対しても明確に技術指導を伝えることができるようになりました。世界で学んできた知識的なバックボーンがあってこそだと実感しています。

数値で計測できないものは信用しない

プロゴルフツアーは完全な弱肉強食の世界です。この中で生き抜くには、これまでお話ししてきたように最強のチームをつくることが必要です。それに加えて厳しい現実を直視する自己分析が必要になります。

ここでいう自己分析とは、主観的なものだけではなく、データを用いることが必須となります。

ゴルフに限らず、私は数値で計測できないものは信用しません。数字は嘘をつかないからです。

現在のゴルフティーチングは、**数値化による可視化で検証**する流れになっています。その背景には、ＰＧＡツアーで採用されている「ショットリンク」があります。これはトーナメント中の選手一人ひとりのショット、アプローチ、パットのラウンドデータを詳細に記録し、プレー内容を分析するシステムです。英語版ですがＰＧＡツアーのホームページ（https://mm.pgatour.com）に公開されています。パーオン率やフェアウェイのキープ率だけではなく、右のラフと左のラフに行くパーセンテージなどをはじめ、ほぼすべてのショットの細かいデータを算出しています。

例えば、選手ごとに何ヤード以内だとパーオンする確率が△％のように、データから自分のプレーの傾向を知ることができます。これにより、選手が弱点だと思っていた分野が、数値的には成績に貢献している分野だと判明する場合があります。データ分析により、選手は自分の強みと弱みを主観を排除して、客観的な事実をもとに知ることができるようになったのです。

例えば、「PGA TOUR HIDEKI MATSUYAMA」で検索すると、松山英樹選手のデータが詳細にわかります。

ＰＧＡツアーが選手の実力を表すために導入した指標に「ストローク ス・ゲインド（ＳＧ）」があります。ストロークス・ゲインドの概念は、コロンビア大学ビジネススクール教授のマーク・ブローディが開発したもので、彼は『ゴルフデータ革命』（プレジデント社）という本も書いています（以下、ＳＧについてはこの本を参照）。

SGとは、ゴルファーの平均的なプレーに対し、特定のプレーヤーがどの程度スコアに貢献できるプレーをしたかを表す指標です。たとえば、カップまで2メートルの位置につけたパッティングで、カップインまでの平均ストロークが1・5だとすると、1パットで決めればSGはプラス0・5となり、2パットならマイナス0・5となります。このように、ティーショットから、カップインまで、それぞれのプレーを平均と比較して数値化することで、どのプレーがスコアメークに貢献しているのか、またはどのプレーでスコアを落としているのかがわかります。

SGで各選手のプレーを比較すると興味深いことがわかったといいます。よく「ドライバー・イズ・ショー、パット・イズ・マネー」などと、パッティングの重要性が強調されますが、2004年から2012年のPGAツアーでの優勝へのパッティングの貢献度は平均35%、一方でグリーン上以外のショット貢献度は65%でした。さらに、PGAツアー上位40人のデータを調べると、スコアに貢献している分野の割合は、アプローチ・ザ・グリーン（グリーンを狙うショット）40%、ティーショット28%、ショートゲーム17％、パッティングは15％でした。優勝争いの場面ではパッティングの重要度は高まるものの、グリーン外がスコアに大きな影響を及ぼしており、パッティングが過大評価されていたことがわかったのです。

逆に、ＳＧによってドライバーの飛距離が20ヤード伸びることで、ツアープロの場合は１ラウンドあたり０・75打縮まることがわかりました。４日間の競技では３打縮まることになります。ちなみにスコア90前後のプレーヤーの場合はラウンドあたりで１・６打縮まります。ドライバーショットの飛距離はショーではなく、スコアに直結する重要な要素だったのです。

◎データで可視化される選手の強さの秘密

ブライソン・デシャンボーが飛距離を伸ばす取り組みを始めたのは、このデータ分析によるところが大きいと思います。デシャンボーのコーチでもあるクリス・コモはマーク・ブローディと親しく、デシャンボーにもたびたびアドバイスをしています。２０１９年は70・１７７（20位）だった平均スコアが、平均飛距離20ヤードアップを実現して以降、２０２０年は69・２４１（7位）、２０２１年は69・７２８（4位）と飛躍的に成績をアップさせています。

タイガー・ウッズの場合、デビューから10年の間、ドライバーの飛距離が強さの要因だと思われていましたが、実は２００ヤードから２５０ヤードの距離からグリーンを狙ったショット（アプローチ・ザ・グリーン）が、最もスコアに貢献したプレーでした。

２００４年～２０１２年までの成績をみると、タイガーのアプローチ・ザ・グリーンの数値は１・３。つまり１ラウンドで、アイアンショットだけで平均的なプレーヤーに１・３打差をつけました。４日間戦えば、その差は5打にもなります。この間のタイガーのＳＧのトータルの平均値は２・８。実に46％をアイアンショットで稼いでいたのでした。

つまり、タイガーの強さは、ロングアイアンでピンを狙うことができ、バーディを取ることにあったのです。このように、データを分析することで、遠くまで飛ばすドライバーや正確なパッティングなどの陰に隠れた本当の強さの秘密が見えてきます。

ＰＧＡツアーの試合会場では、電光掲示板にそのホールに来た選手の成績が表示されます。例えば、これから５ｍのパターを打つ選手がいるとします。５ｍの距離の成功確率が表示され、ツアー平均数値や、成功確率の順位まで出てきます。選手が自分のプレーに活かすだけでなく、観戦者もデータによって楽しむことができます。

ちなみに、このシステムではレーザー計測機でボールを追い、止まった地点を記録していきます。データの集計と分析には多くのボランティアが協力しています。

このシステムはコーチを選定する際にも有効活用できます。例えば、ある選手のパッティングは２ｍ以内の短い場合が弱点だとわかったとします。すると、短い距離のパッティングに定評があるコーチに依頼を検討することになります。そのコーチを招聘したら、中長期の目標設定をしたうえで、その具体的な対策を計画することが可能になるのです。

データで検証すると納得感が高まる

選手とコーチの関係で言えば、データで検証することにより、チーム内で今後の方向性について正しい戦略を練ることができます。データで説明することは、そこにかかわる人全員の納得感を得るために必須とも言えます。

選手自身が目標管理する場合も、長所や弱点を数値で見ることで、自分の現状を正しく知ることができます。また、目標とする数値がわかれば、いつまでに何をやるかが具体化します。そして**数値だからこそ現状と目標の差異がはっきりし、目標に対して自分の成長レベルを数値で把握できます。**海外のトッププロは、このプロセスを当たり前のように行っています。

こうした取り組みは私自身がアマチュアに指導する際にも行っています。

例えば本人はアイアンショットがうまくないからスコアが伸びないと思っていたのに、問題の主因はパターにあったことがデータから判明します。それを指摘すると、自己分析と異なるデータに訝《いぶか》しく思う人たちも、数字を示されることで「そうだったんですね」と納得します。

スポーツ界ではデータ分析をパフォーマンス向上に活用することが盛んに行われています。アメリカではスポーツアナリティクスという分野が確立されているほどです。デジタルトランスフォーメーション（ＤＸ）で欧米に後れを取っている日本ですが、今後は日本も欧米並みにＤＸが進むことでスポーツアナリティクスもビジネスとして拡大していくはずです。

感覚的な指導から科学的な指導へ

スポーツ・バイオメカニクス（生体力学）の世界的権威ヤン・フー・クォン教授はデータ活用によるゴルフスイング分析について研究を行っています。

速度や距離、力など、スポーツにおける指標は学問的に言えば物理学の領域になります。これらの指標と重心、トルク、関節などの身体的現象を分析するのがスポーツ・バイオメカニクスです。

実際、ＰＧＡツアー選手はバイオメカニクスによる動作分析を受けています。今まで目に見えなかった力などが数値化によって見えるようになり、現状分析からどのように改善すべきかがすぐわかるようになりました。データによって実際の動きと感覚の誤差を発見できるようになり、ゴルフは大きく進歩しています。

科学的に分析してみると、右に体重を乗せているつもりがほとんど乗っていなかったり、左足を踏み込んでいるつもりが、右足を蹴っていたなど、選手の感覚に頼ると間違った修正を誘引することになります。

ＰＧＡツアー選手がコーチの指導を受けるにあたって、事実を数値で明らかにしたうえで修正法を提案するのが基本スタンスです。感覚的に「こういう方法がいい」というのは推論でしかないので、事実を数値で確認しないかぎり、提案が正しいかどうかはわかりません。

現在、ＰＧＡツアーのトップクラスの選手たちは、科学的トレーニングを進んで取り入れています。客観的な事実に基づかなければ誤った指導を受けるかもしれませんし、

ヤン・フー・クォン教授

技術的に他の選手と差が出ることを恐れるからです。

たとえば、バイオメカニクスの第一人者、テキサス女子大学のヤン・フー・クォン教授の研究室のもとには、マット・クーチャーやビジェイ・シン、ブライソン・デシャンボーといった数多くの選手がアドバイスを求めて訪れています。

クォン教授はフォースプレートやモーションキャプチャーといった最新の研究機器を使ってゴルフスイング動作を数値化し、その分析内容をコーチに伝えます。そして、彼らの専属コーチは科学的に裏づけのある事実をもとに、指導の精度を高めるのです。

「マッド・サイエンティスト（いかれた科学者）」との異名を持つデシャンボーは、２０１４年から何度もクォン教授のもとを訪れていますが、当初はクォン教授のアドバイスを受け入れなかったそうです。当時のデシャンボーはバックスイングとダウンスイングを同じ軌道にする「ワンプレーンスイング」に固執していました。そのため、「飛距離と再現性を高めるために、もっと下半身を使うべきだ。そうすれば必然的にダウンスイングの軌道はフラットになる。再現性を求めてワンプレーンにこだわる必要はない」というクォン教授のアドバイスに対して、デシャンボーは納得いくまで長時間にわたって議論を交わしたといいます。しかし、２０１７年ころからクォン教授の科学的な根拠に基づく理論やアドバイスをデシャンボーも理解するようになり、クォン教授の大学院の教え子でもあるクリス・コモの指導を受けてスイング改造に着手します。

こうして、デシャンボーは下半身をアグレッシブに使う、以前とは全く違うスイングを手に入れ、ＰＧＡツアー選手の中でも、飛び抜けた飛距離を誇る選手となりました。

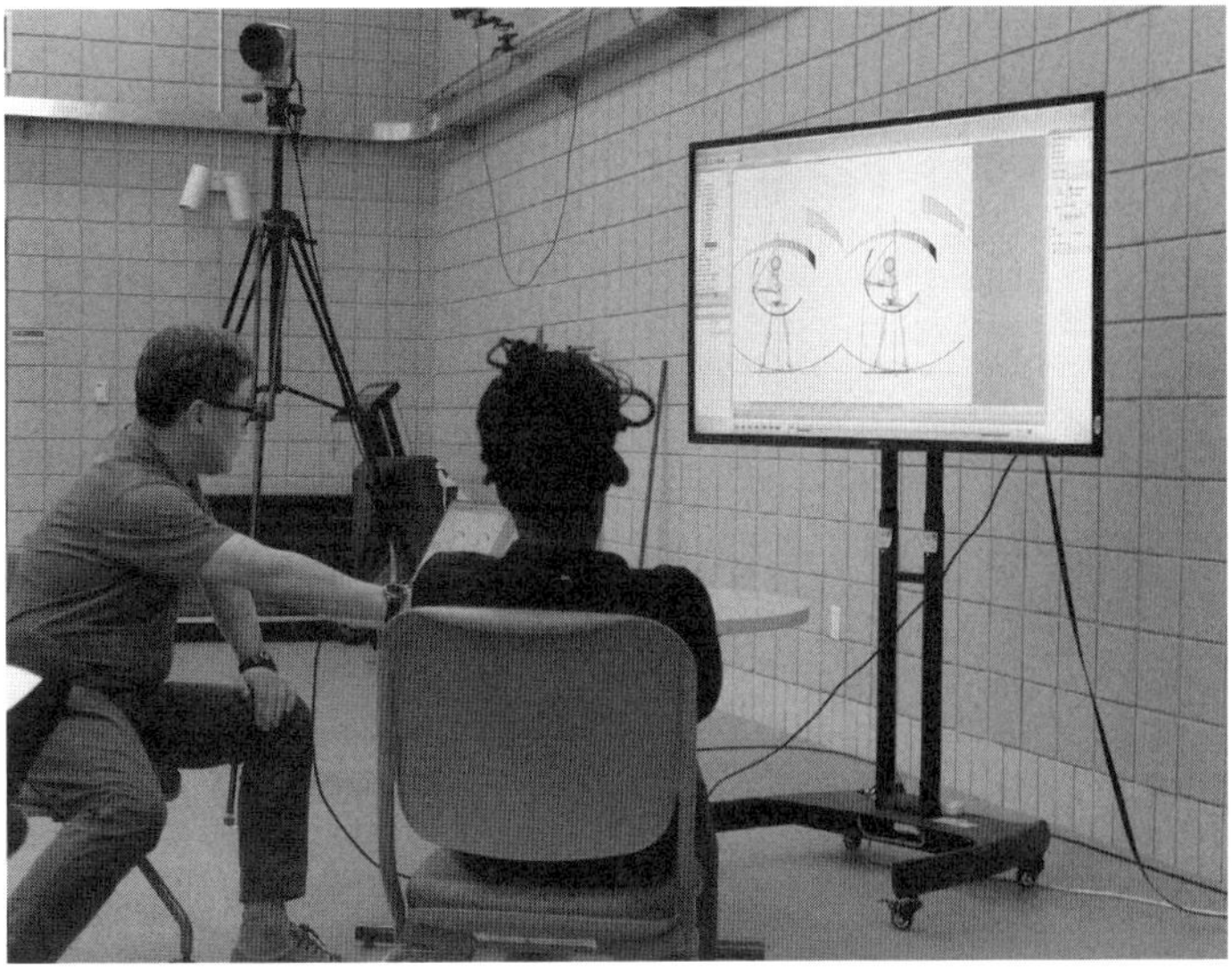
選手にスイング分析を行うクォン教授

従来の知識や経験だけに基づく感覚的なティーチングだと、問題の原因究明に時間がかかってしまいます。しかし、**データを分析する手法ならば、問題を早期に、しかも高い精度で発見**できます。さらに、選手が目指すべき理想のスイングも導き出すことができるのです。

医療で言えば、触診・問診と、ＭＲＩなどの最新機器を使った検査の違いによく似ています。どちらも大切ですが、ＭＲＩを使えば、体の異常を部位レベルで発見できます。触診や問診だけでは、異常があることがわかっても、病巣の正確な部位や進行程度までは特定できません。これらを適切に組み合わせることが必要なのです。

余談ですが、ＭＲＩについて私には苦い経験があります。敗血症に罹って入院したときのことです。最初は、腰の激痛で病院に行き、原因を見極めるためにＭＲＩの検査を受けました。それでも腰痛の原因がわからなかったので、セカンドオピニオンで再びＭＲＩで診てもらったところ、「細菌が付着して腰の骨が溶けていますね」と言われました。ただの腰痛ではなく、４人に１人は亡くなるという致死率の高い敗血症だったのです。

これはゴルフでも同じことがあり得ると思います。同じデータを見るにせよ、データ分析の知識がないコーチが見たら正しい判断はできないでしょう。一定レベルのティーチングの経験があり、選手の動作とデータを付き合わせて違和感を感じることができなければ問題の原因を見抜くことはできません。

素人が絵画を見てなんとなくわかったというのと、芸術の評論家が審美眼を持って絵を見るのとでは評価に雲泥の差があるでしょう。ゴルフコーチの場合、この感覚差が一流と二流を分けることになります。

ゴルフティーチングの分析もこれからはデータ活用が一層進むでしょう。それには、データから何を読み取るかという知識と技術が必要になります。株価のアナリスト予測のように、データという事実を見て、そこから次の手をどう打つかというスキルがゴルフコーチにとって重要になっていくでしょう。

旧態依然の指導法で、人に教えるのは本当に恐ろしいことなのです。

科学的アプローチの体現者、ブライソン・デシャンボー

ゴルフが科学を取り入れて進化していることは、ブライソン・デシャンボー（米国）のゴルフに対する取り組みによく現れていると思います。彼の取り組みに対する注目度は、ゴルフ界にとどまらず、「スポーツイラストレイテッド」２０２０年11月号の表紙を飾り、「ゴルフの破壊者」として紹介されました。

実際、デシャンボーの科学的な分析へのこだわりや、飛距離への飽くなき挑戦はPGAツアーの選手たちに、混乱と動揺をもたらしました。彼はタイガーがゴルフ界を変え

たように、ゴルフの概念や考え方を破壊したのです。彼は肉体改造で手にした飛距離によって、パー5のホールをまるでパー4のようにプレーしました。デシャンボーの登場によって、選手たちはデシャンボーが作り出した波に対して、どう立ち向かうのかを考えざるを得なくなったのです。

新型コロナウイルスによってPGAツアーが中断していた2020年の3月〜6月の間、デシャンボーはコーチのクリス・コモの自宅に通い詰めていました。コモの自宅はモーションキャプチャー用のハイスピードカメラや地面反力を測定できる機材などを備えた研究施設に改造されており、そこで連日のようにスキルアップに努めていたのです。コモの自宅では、最長474ヤードを飛ばす2019年の世界ドラコン選手権優勝者のカイル・バークシャー（米国）とも交流しており、世界一の飛ばし屋に飛距離アップのエッセンスを学んでいたようです。

2020年に27歳にして全米オープンを初制覇し、米ゴルフ界の話題をさらったデシャンボーは、驚異的な肉体改造で圧倒的な飛距離を手にしました。その陰なる立役者がコモでした。コモは、腰の故障などで長く低迷していたタイガー・ウッズのコーチを2

ブライソン・デシャンボー（27）

Bryson DeChambeau

photo by
Getty Images

1993年カリフォルニア州生まれ。自ら「ゴルフ科学者」を名乗る。
アイアンすべてを 37.5 インチに統一していることでも知られる一風変わった選手。南メソジスト大時代の 2015 年、「全米アマチュア選手権」と「NCAA 全米学生選手権」を制覇。2017 年ツアー初優勝。2019－2020 年にかけて肉体改造に成功。屈指の飛ばし屋に。新型コロナウイルス感染拡大による中断から再開 4 試合目の「ロケットモーゲージ・クラシック」で 6 勝目。ドライビングディスタンス 322.1 ヤードで 1 位となり大きな話題になる。
メジャー初制覇は 2020 年 9 月の「全米オープン」。「全米アマ」「全米学生」「全米オープン」のタイトルを持つプロゴルファーは、デシャンボー以外では、ジャック・ニクラウス、タイガー・ウッズしかいない。ツアー 8 勝、メジャー 1 勝。

メジャー成績

全米オープン：1 勝（2020年）

015年から約3年間務め、体に優しく飛距離の出るスイング構築を行うことで、タイガー復活の基礎をつくったことは第1章で述べました。

そのコモがデシャンボーと2018年からコーチ契約を結んだことで、全米オープンを含む6勝に貢献しました。デシャンボーは大幅な体重増による肉体改造に注目が集まりがちですが、飛距離を伸ばしたのは体を変えただけではなく、地面反力を積極的に使ったスイング改造にもありました。

コモが指導するのは、地面反力やバイオメカニクスに基づく体への負担が少なく最大の飛距離を実現するスイングです。これによってタイガーは、満身創痍の状態でも故障しにくく飛距離の出るスイングを手に入れることができました。そして、デシャンボーは地面反力を最大限活用したスイングで、飛距離を最大限に追求するスイングを手に入れたというわけです。

コーチの立場からすると、すでに安定的に成績を出している選手や、スイングを確立している選手を指導するのは難しくありません。大幅なスイング改造を行わなくていいので、今までのスイングが狂わないように調整すれば結果が出るからです。

コモの研究用に改造された自宅。SNSではマスターズに向けてデシャンボーのスイング調整を行う様子がアップされていた

　しかし、これから復活を期する選手やステップアップを目指す選手の指導は、大幅なスイング改造を行う必要があるため、スイング知識や経験などコーチとしての力量が問われます。とくに、怪我をしている選手に対しては、メディカルやフィジカルの知識も必要になってきます。

　コモの実績で特筆すべきところは、すでに良い状態にある選手を指導するのではなく、新たにスイングをつくり直す必要がある選手を成功に導いた点です。タイガーは怪我によって満身創痍でキャリアのどん底ともいえる状態でしたし、デシャンボーも2018年までに1勝を挙げていたものの思うように結果が出ず、それまでのワンプレーンスイングに見切りをつけなければいけない時期でした。

コモは新たなスイングが必要だったデシャンボーのスイング構築を行い、見事にメジャー優勝に導いたわけです。

マッドサイエンティスト誕生の背景

ブライソン・デシャンボーが全米オープンを制したとき、私はゴルフ界が新たなステージに突入したと感じました。

デシャンボーは、難コースで知られるウィングドフットGC（ニューヨーク州）を1人だけ4日間オーバーパーなしでラウンドし、同コースの全米オープンの優勝スコア記録（1984年のファジー・ゼラーの4アンダー）を更新する6アンダーを叩き出しました。この快挙はそれまでの全米オープンのコースマネジメントのセオリーを覆す、

「ラフに入れない」から、「ドライバーで飛ばして短いクラブで打つ」という戦略を採用したことによって実現しました。流れるようなスイングに定評があるルイ・ウーストヘイゼン（南アフリカ）に、「ひとりだけ小さなゴルフ場でプレーしているようだ」と言わしめたほどです。まさに完勝という言葉がぴったりな歴史的勝利でした。

実はデシャンボーの活躍ぶりは全米オープン前から大きな話題となっていました。PGAツアーが新型コロナウイルスによって中断している間、トレーナーのグレッグ・ロスコフによる筋力トレーニングと、1日6食（約3000kcal）と6本のプロテインシェイクを摂った成果で体重を9キロ増量し、約110キロとなった体で大きく飛距離を伸ばしていたからです。

2020年度のドライビングデータを見ると、322・1ヤードを記録し、全選手の中でトップとなりました。前年度の記録は34位の302・5ヤードでしたから、1年で20ヤード近く飛距離を伸ばしたことになります。

その成果は如実で、2020年7月に行われたロケットモーゲージ・クラシックで2位に3打差をつけて優勝を果たし、飛距離アップがスコアに直結することを証明しました。

デシャンボーを12歳から指導するマイク・シャイ。最新テクノロジーを駆使する

ゴルフをとことん理詰めで考えることから「マッドサイエンティスト（イカれた科学者）」とも呼ばれ、異端児扱いされがちなデシャンボーですが、とにかくゴルフへの向き合い方は科学的です。

例えば、道具に対しては、使用するボールを塩水に浮かべて重心位置を測定したり、同じ長さのワンレングスアイアンを使用するなどのこだわりを見せます。練習では弾道測定機器を2台使って正面と後方で測定するといった徹底したデータ主義者です。

私はデシャンボーがどのような取り組みをしているのかに興味がわき、彼の技術を支えるブレーンたちと交流を深めてきました。

デシャンボーは12歳から大学進学までの間、現在も指導を受けるスイングコーチのマイク・シャイと毎週約30時間を共に過ごしていたそうです。デシャンボーは欧米のゴルフコーチでも理解するのが困難と言われるスイング理論書『ゴルフィング・マシン（The Golfing Machine）』を読み込み、毎日シャイと議論を交わしていました。１９６９年にボーイングのエンジニアだったホーマー・ケリーが著した同書の副題は「幾何学的なゴルフ〜コンピューター時代の完全なるゴルフ」です。シャイはゴルフィング・マシン理論とともに、次のようにゴルフに取り組むうえで重要な哲学も植え付けました。

「ブライソンには自分の頭で考え、物事を判断する重要性を伝えてきた。例えば、結果が良いから良いスイングなのか、それとも理想的なスイングをした結果、良い結果が出たのか、という具合にね」

高度なスイング理論と、常に物事の本質をとらえる考え方はマイク・シャイからの教えだったのです。

ステファン・ハリソン

パッティングに関しては、デシャンボーが使用するパターブランドＳＩＫゴルフのステファン・ハリソンがフィッター兼コーチとして指導をしています。

測定機器を使用し、ミリ単位でパターの入射角や軌道をチェックし、毎回同じボールの転がりになるようにパッティングストロークを調整するほどの徹底ぶりです。パターもグリーンの速さによってロフトや重さを調整しています。パッティングの距離感は、振り幅によってボールが何メートル転がるかを細かくチェックし、データに基づいた独自の計算を行って振り幅の数値を算出しています。

実際に私もハリソンの指導を受けました

が、自分の感覚と数値のズレがあり驚きました。デシャンボーは徹底的に感覚を排除し、自らをマシン化することで再現性を高めているからこそ、プレッシャーのかかるなかで難コースを制することができたのでしょう。

このような、科学や理論を前提としたデシャンボーの取り組みは、練習や経験で技術を磨いてきたゴルファーにはなかなか理解できないかもしれません。

あるトーナメントの練習グリーンで、ベテランのパット・ペレッツ（米国）がデシャンボーの取り組みについて話を聞いていましたが、終始理解できないという表情を浮かべ、最終的には「クレイジーだ。そんなこと考えていたらプレーできない」と言い残して去っていきました。

ペレッツの反応は当然のことだと思います。もはや、デシャンボーの取り組みや考え方は物理やバイオメカニクス（生体力学）などの学問レベルのため、理解できないのは無理もないからです。

しかしながら、最先端のゴルフティーチングを理解していれば、デシャンボーの取り組みは実に理にかなっていることがわかります。

デシャンボーは欧米の大学研究者やトップゴルフコーチ並みの知識を持っているから

こそ、異端児と言われるような取り組みができるのです。

数年先のスタンダードを先取り

デシャンボーは肉体改造により頑強な体をつくり上げましたが、筋肉隆々の人がみなボールを遠くに飛ばせるわけではありません。筋肉増強でボールが飛ぶというほどゴルフは単純ではなく、筋力をスイングスピードに変換させるための効率的なスイングも必要です。

そして彼の場合、飛距離を出しても曲がらないスイングを構築するために、地面反力を使った下半身と、ゴルフィング・マシン理論による上半身を組み合わせるニュースイングをつくり上げたのです。コモとの共同開発による肉体改造とスイング改造に成功した結果、デシャンボーは2019年に302・5ヤード（PGAツアー平均34位）だったドライビングディスタンス（飛距離）が、2020年は322・1ヤードでランキング1位となり、2019年ランキングから30人以上も抜いたことで大きな話題を呼びま

料金受取人払郵便

新宿局承認

6643

差出有効期間
2023年9月
30日まで

郵便はがき

1 6 3-8 7 9 1

999

(受取人)

日本郵便 新宿郵便局
郵便私書箱第330号

(株) 実務教育出版

愛読者係行

フリガナ お名前		年齢　　歳 性別　男・女
ご住所	〒	
電話番号	携帯・自宅・勤務先　　(　　　)	
メールアドレス		
ご職業	1. 会社員 2. 経営者 3. 公務員 4. 教員・研究者 5. コンサルタント 6. 学生 7. 主婦 8. 自由業 9. 自営業 10. その他 (　　　)	
勤務先・学校名		所属(役職)または学年
今後、この読書カードにご記載いただいたあなたのメールアドレス宛に 実務教育出版からご案内をお送りしてもよろしいでしょうか		はい・いいえ

毎月抽選で5名の方に「図書カード1000円」プレゼント!

尚、当選発表は商品の発送をもって代えさせていただきますのでご了承ください。
この読者カードは、当社出版物の企画の参考にさせていただくものであり、その目的以外には使用いたしません。

■愛読者カード

ご購入いただいた本のタイトルをお書きください】

タイトル

愛読ありがとうございます。

後の出版の参考にさせていただきたいので、ぜひご意見・ご感想をお聞かせください。

お、ご感想を広告等、書籍の PR に使わせていただく場合がございます（個人情報は除きます）。


••••••••••••••••••••••••••••••該当する項目を○で囲んでください••••••••••••••••••••••••••••••

◎本書へのご感想をお聞かせください

・内容について	a. とても良い	b. 良い	c. 普通	d. 良くない
・わかりやすさについて	a. とても良い	b. 良い	c. 普通	d. 良くない
・装幀について	a. とても良い	b. 良い	c. 普通	d. 良くない
・定価について	a. 高い	b. ちょうどいい	c. 安い	
・本の重さについて	a. 重い	b. ちょうどいい	c. 軽い	
・本の大きさについて	a. 大きい	b. ちょうどいい	c. 小さい	

◎本書を購入された決め手は何ですか

a. 著者　b. タイトル　c. 値段　d. 内容　e. その他（　　　　　　　　　　　　　）

◎本書へのご感想・改善点をお聞かせください

◎本書をお知りになったきっかけをお聞かせください

a. 新聞広告　b. インターネット　c. 店頭（書店名：　　　　　　　　　　　　　）
d. 人からすすめられて　e. 著者の SNS　f. 書評　g. セミナー・研修
h. その他（　　　　　　　　　　　　　　　　　　　　　　　　　　　　）

◎本書以外で最近お読みになった本を教えてください

◎今後、どのような本をお読みになりたいですか（著者、テーマなど）

ご協力ありがとうございました。

した。

そんなデシャンボーについてコモは、「彼は常に常識にとらわれることなく、枠を越えて考えることでゴルファーとしての成長を目指してきた。そのために、徹底した分析を行い、独自の戦略を組み立てる。その戦略を実現するために彼は肉体の改造に取り組んだが、その半年間で費やした時間と労力は大変なものだった」と語っています。

私はデシャンボーのスイング改造や体重増による飛距離アップより、自らを変える戦略やプロセスに注目をしました。デシャンボーはこれまでのツアープロとは違い、自らの感覚には頼りません。球を数多く打って、感覚を磨くというこれまで多くの選手が取り組んできた方法ではなく、**科学的なデータに基づいて、ゴールを設定し、実現するための戦略を練る。そして、理論を熟知した適切な人物を招いて自らを変革**し、結果を出します。

ゴルフ界で異端児やマッドサイエンティストと呼ばれているデシャンボーですが、私は彼の取り組みは結果を出すことにフォーカスし、非常に合理的な選択をしていると思います。

ツアープロが結果を求め、合理的な判断をして自分を変えるのは当然だと思われますが、変化には痛みも伴うため慎重にならざるを得ません。スイング改造や肉体改造は上手くいかないリスクもあるため、多くのツアープロはこれまでの感覚を失わない「常識」の範囲内にとどめがちです。デシャンボーのような肉体改造をして飛距離を伸ばそうとしたり、長年取り組んできた方向性重視のワンプレーンスイングへのこだわりを捨てて、全く違うコンセプトのスイングモデルを取り入れて飛距離アップをしようなどとは思わないものです。

メジャーで勝つために常識の範囲を越えて自らを大きく変革し、理想の自分をつくり上げたデシャンボーの取り組みは、並大抵のことではありません。自らを適切な方向へ変化させながら、結果も出すには自分ひとりの力では難しいと言えます。

優秀なブレーンとともに最も効果的な戦略を採用し、理論や事実に基づいた方法で自らを変えていくのが効率的です。

スイングコーチのクリス・コモをはじめとして、デシャンボーの周りにはそれぞれの分野に秀でたスペシャリストが揃っています。このブレーン選びでその選手の知識レベルやセンスがわかるものですが、デシャンボーの人選はネームバリューや実績ではなく、理論に精通したプロフェッショナルを重用しています。知識レベルが高く、本質を理解しているからこそできる人選だと思います。

そして、**いくら優秀な人材が集まっても、トップが意見を聞き入れることができなければチームは機能しません**。デシャンボーは常にチームメンバーと議論を交わし、常識の枠を取り払って実験と検証を重ねているのです。


こうしてみると、ゴルフを科学的に究めようとしているデシャンボーは異端児どころか、**数年先のスタンダードを先取りしている**ように見えます。タイガーが多くの選手に影響を与えたように、デシャンボーの取り組みは今後のＰＧＡツアーのスタンダードを予見させます。

それが浸透していくことで、続々とデシャンボーのようなニュータイプの選手が誕生し、ＰＧＡツアーのレベルはますます高まっていくことになるでしょう。

正しい教育スタンスを知る

コモの指導もあって、デシャンボーの潜在的な能力が開花していったわけですが、人に何かを教える、教育するということには責任が伴います。自分がうまくいったことをそのまま人に押しつけることは教育とは言えません。その人なりの課題を一緒に探し出して、お互いに歩み寄りながら改善や改良していくことが成長のための教育だと思います。

例えば、会社の社長が突飛なことを言い出してその理由を尋ねると「根拠は俺。以上！」で終われば、社員は訝《いぶか》しく思いながらも権威者の指示に唯々諾々と従うことになりがちです。ただ、会社の雰囲気にまだ慣れていない新人の中には「なぜそれをやる必要があるのでしょう？」と疑問に思ったことを大胆に訊く者もまれにはいるでしょう。上司からすると、生意気だと思われるかもしれませんが、私はこの新人の姿勢が大事だと思います。

理由もわからずに、ただ「やれ」と言われても私は動きません。そのような場合、必ず理由を尋ねるようにしています。その行為にどのような意味があるか、腹落ちできるかを知るためです。

杓子定規に捉えて、意味がないから拒絶することだけをしているとコンフリクト（対立、あつれき）を生むことになるので、そこは言い方には気を遣います。意地を張って逆らうことで、人間関係を壊すのも考えものです。ただし、**正しいと思うことを主張することはチームを健全に運営するには必要不可欠**です。

良い指導の条件

人を指導するには、期待する結果に対して、なぜその結果に至ることができるのかを説明できなければ、教わる側はその指導法に納得してくれません。

名プレーヤーだったから教えるのが上手い、ということには何の根拠もありません。

仮に名プレーヤーに教わった選手が伸びたとしても、なぜ伸びたのか理由がはっきりしないと指導者の教えが良かったのか、選手本人の才能だったのかがわかりません。

プロ野球で名将と言われた故野村克也さんはヤクルト・スワローズの監督時代に日本一となりましたが、なぜ優勝できたのかといえば「ＩＤ野球を導入したからだ」という理由があります。結果が出たのはこうした理由からだという「原因と結果」を合理的に示すこと、これができてはじめてその説明が信用できると思います。

そして**「原因と結果」に再現性があれば、誰に対してもその指導法は結果を出せる可能性がある**わけです。なお、ＩＤとはImportant Dataの略で、ＩＤ野球とは「データに基づいた考える野球」のことです。

基本的に良い指導とは再現性があることです。指導する上で再現性があることは当たり前のことですが、指導法に軸がないとこの当たり前のことができません。

一流と呼ばれる人の考え方を知る

私が好運だったのは、先述したとおりレッドベターに師事できたことでした。はじめ

デビッド・レッドベター（右）と筆者

にゴルフティーチングの頂点を知ったことで、それを基準としてティーチングの指導法の良し悪しを比較することができました。

レッドベターは、**「名コーチという のはプレーしている選手の眼（カメラ）で、プレーしている状況を見られる能力をもっている。さらに俯瞰して見ることができる能力をもっている」**と語っています。一流のティーチング理論、人格、考え方を基準にして他のコーチと比較することで違いが鮮明にわかりました。これが下から少しずつ積み上げていく修行の場合、一流との差に気づくまでに相当な時間を要したと思います。**最初に一流を知ることは、無駄な時間を費やさないことでもある**のです。

最初に高級ワインを知れば、そのワインを基準にして他のワインの比較がしやすくなります。これが安いワインしか飲んでいないと、本当に良いものとそうでないものの違いがわからず、何を飲んでもそれほど味は変わらないということになります。本物の価値とその基準がわからないと、物事の優劣の判断が曖昧《あいまい》になるでしょう。

一流には一流の理由があるものです。いままで私が一流だと思ったコーチは、指導哲学を持ち、教育者として物事に取り組む姿勢が一貫していました。そして、自分に厳しく、高い理想をかかげ、常に進化していました。何よりもゴルフに対する姿勢がどこまでもストイックでプロフェッショナリズムを感じました。


一流のコーチは、知識の追求に妥協がありません。60代半ばのレッドベターのように、欧米のコーチはいくつになっても勉強し続けています。何歳になっても、現役でいるかぎり、最新の理論や練習機器を使って自分の孫のような年代の選手を指導しているのです。

彼らはいくら実績があっても、そこにあぐらをかくことをしません。新しい知識を仕入れては咀嚼《そしゃく》して自分の指導法に取り入れたり、新しく出てきた選手と組んだりして、常に自分をアップデートさせています。だから時代遅れになることはありません。

一流として生き残っていくには、このようにいくつになっても向上心を持ち続けること、そして自分の仕事を好きになることが必須だと思います。

私は、ゴルフのティーチングスキルとは別に、一流のプロフェッショナルとしての心構えをレッドベターから教わりました。

レッドベターが一流であったからこそ、私はコストを惜しまず彼の指導を受けました。

相手の一番高いサービスを受ければ、相手も本気になって指導してくれます。

お金や時間を惜しまず、相手から学びたいという姿勢をはっきり示し、リスペクトしていることをわかってもらうことが一流の人物と接するうえでとても大事です。

一流を探し当て、教わることに惜しみなくお金と時間を使い、貪欲に学ぶことで、いずれ道がひらけていきます。

第4章

コーチングの原則

多様な指導法を知り、絞り込む

ゴルフに限ったことではありませんが、私は人からものを教わるには1人からではなく、複数の専門家から学び、さまざまな理論ややり方を試してみることが大事だと思っています。1人から学ぶだけだと方法論による迷いがなくていいのですが、**1つの方法に限定してしまうと可能性をせばめてしまう可能性がある**からです。

ゴルフの場合、最初からある特定の指導者の理論だけを信じ込んでしまうと、多くの選択肢があるのにその機会を逃すことになります。最初から1人の指導者のみに教えを受けると、それが絶対に正しいと思い込みがちです。これが師弟関係となると、もうその人以外には教えを受けることができません。

日本のスポーツ界では、はじめに教わったコーチや監督のもとでトレーニングを続けるというのが一般的です。しかし効率的にスキルアップするためにはさまざまなタイプのコーチの指導法を知り、多様な知識や技術を柔軟に吸収することが必要です。

その指導者の言うことにすべて従わなければならない環境には注意が必要です。仕事でも、上に立つ人の意見を鵜呑みにするだけだと自分で判断しなくなります。そうなると物事の良し悪しが見えてこなくなります。

多くの意見を聞いたうえで絞り込む。このプロセスを大事にしてほしいと思います。

日米の指導論の違い

PGAツアー選手の場合、コーチの選び方は大きく2つに分けられます。1つめが、ジュニア時代からのコーチがそのまま指導するパターンです。これは技術面での指導はもちろんですが、幼い頃から指導していることでメンタル的なサポートという要素もあります。このタイプのコーチとしてはメジャー3勝のジョーダン・スピースを育てたキャメロン・マコーミックが有名です。

もう1つは、専門分野ごとにスペシャリストを雇うパターンです。選手が調べたり、トーナメント会場で出会うなどして自分に必要な指導をしているコーチを探し、その中から吟味して契約します。欧米では当然の仕組みですが、日本人からするとビジネスライクすぎるように感じるかもしれません。

日本の場合、コーチは師匠という概念が少なからずあります。しかし、欧米ではコーチをメンターとして認識する人もいますが、日本のように指導者が上、選手が下といった上下関係はありません。

合理性を追求するアメリカでは「根性だ」「気合が足りない」と言っても、誰も言うことを聞きません。

もちろん、「質」がしっかり保証されたうえで、「量」をこなすという指導はあるでしょう。反復して自分で何かをつかむには一定の経験量が必要です。そのような指導を行う場合、根拠が示されていることが大事です。それがないままに量をこなすのでは、〝ブラック〟ワークになりかねません。

指導者に確固たる教育システムがないと、「質」ではなく「量」を強いられます。これが根性論につながるのです。

ティール組織のようなPGAツアーのチーム

ここまで述べてきたように、欧米のコーチと選手の関係は契約により成立しています。だから、選手がコーチに対してあまりにも理不尽な態度をとれば、コーチ側から契約解除ということもあります。もちろん、その逆もあります。

師匠と弟子の師弟関係だと、情報が狭い世界の中に閉じ込められます。指導を受ける選択肢が狭いということであり、これは教育というパイの拡大の弊害になります。

昨今、「ティール組織」というマネジメントの概念が話題になっています。

ヒエラルキー組織による競争原理で機械的に働く社員は幸せを感じることがないので働き方を変えようという主張により、上意下達を排し、社員が組織の目標を理解して一人ひとりが独自に工夫して自分で意思決定することで仕事のやりがいを見出す働き方を提唱する考え方です。

PGAツアーの選手のチームは「ティール組織」に近い気がします。選手をはじめメ

ティール組織とは…

衝動型（レッド）…**最初の組織形態**

- 自我（エゴ）の確立
- 恐怖による統治

具体例　マフィアやギャング

順応型（アンバー）…**国家の誕生**

- 集団の規範がすべて
- 大規模な改装組織

具体例　教会や軍隊

達成型（オレンジ）…**科学技術の発展**

- 権威や伝統への批判
- 効率的で複雑な階層

具体例　多国籍企業

多元型（グリーン）…**多様性と平等性の尊重**

- 平等と多様性を重視
- ボトムアップの意思決定

具体例　文化重視の組織

進化型（ティール）…**変化の激しい時代**

- 個々が意思決定
- 全体性を重視
- 目的が進化

具体例　世界で現れ始めたばかり

『ティール組織』（フレデリック・ラルー　英治出版）より

ンバーは1人ひとりがフリーエージェントです。そこがピラミッド組織になったら、イエスマンばかりになります。だから、選手はコーチに対して上下関係をつくらず、横並びでなければならないのです。

ここでみんなが意見を出し合い、フラットにトーナメントに勝つためのプロジェクトが運営されるのがＰＧＡツアーのチームです。そこでは同じ課題を解決するパートナーとして、各人がお互いをリスペクトし合うことが基本です。１人ひとりが専門家ですが、パーツとしてではなく、生態系のようにリンクし合うメンバーです。だからこそ、パートナーを見つけることに多大なエネルギーを注ぎます。ＰＧＡツアーでは、そこまでしないと勝てないのです。

「チーム・ケプカ」の戦略的勝利システム

ＰＧＡツアーは年々レベルが上がってきており、チームには高い専門性が求められています。このことをよく体現しているのが、ブルックス・ケプカというアメリカの選手です。２０２０年に世界ランキング1位になったケプカはチームを完全にプロジェクトとして捉えています。４大メジャートーナメント（マスターズ、全米オープン、全英オープン、全米プロゴルフ選手権）の勝利に照準を合わせ、チームメンバーとともにベストな状態で試合に臨む準備をするのです。メジャートーナメント以外の試合には興味がないと公言しているほどです。

ある平場の試合に出場した際、彼は午前の９ホールをプロアマでラウンドし、軽い練習やランチを摂って昼過ぎには帰りました。ほかの選手は月曜日に現地に入り、火曜は練習をして水曜日のプロアマに出場。そして木曜から日曜までの４日間、トーナメントに臨みます。

ケプカは水曜日に来て９ホールラウンドしただけなので、残りの半分のコースがわからないまま本戦を戦っていました。準備段階からほとんどやる気が見られず、成績も予選突破のギリギリラインです。

それがメジャー大会になると別人になります。前週から現地入りし、日曜日から練習場で打ち込み、練習ラウンドをみっちり回る熱の入れようです。

出場可能な試合に多く出場すれば、それだけ賞金を稼げる可能性があるため、多くの

ブルックス・ケプカ（31）
Brooks Koepka

photo by
Getty Images

1990年フロリダ州生まれ。2012年プロ転向。2014年までは欧州ツアーで活躍。2015年からPGAツアーに参戦した変わり種。同年ツアー初優勝。メジャー初制覇は2017年の「全米オープン」。2018年大会も優勝し連覇。2018年、2019年の「全米プロゴルフ選手権」も連覇し、ゴルフ界に衝撃を与えた。

2018年10月に世界ランキング1位。2016、2017年には日本ツアーに参戦し、「ダンロップフェニックス」を連覇している。

狙いすましてメジャーを制覇する、これまでにないゴルフスタイルを確立。

メジャー4勝、PGAツアー通算8勝、日本2勝

メジャー成績

全米オープン：2勝（2017年・2018年）

全米プロゴルフ選手権：2勝（2018年・2019年）

選手はここまであからさまに手を抜きません。しかしケプカは、メジャー以外の試合を練習ラウンドと割り切って調整を行います。

ケプカは計画性と戦略性を持って逆算の発想で4大大会に合わせてピークをつくるわけです。

メジャートーナメントで勝つために何が必要なのかを理解しているからこそ、オン・オフの調整がうまくできるのでしょう。ピークに合わせるための練習方法や調整方法が明確だから、シーズン中でも休暇を取ってリフレッシュすることが可能なのだと思います。

普通の選手なら、メジャー4つに絞って惨敗したら……と考えるでしょう。だからこそケプカのような大胆な発想や行動は異色なのです。

この勝利のシステムを支えているのが、**チーム・ケプカ**です。心技体における各専門分野のプロの意見を集約して方針づくりをしています。

クラブにこだわらないケプカの流儀

ツアープロはどこか職人気質な部分があるものですが、彼にはそれが感じられません。とても淡白であり、合理的という印象です。

一般的にプロゴルファーは、クラブを剣術の剣や料理の包丁のように、グラム単位の重さにまでこだわって選びます。元メジャーリーガーのイチローさんがバット選びにとてもこだわったことはよく知られています。職人技の広角打法はバットへのこだわりから到達した技法でもあったようです。

それがケプカの場合、クラブにはあまりこだわりを持たず、**データ的に良かったから使う**という主義です。

ケプカに「アイアンシャフトの硬さを教えてください」と質問したことがあります。その問いにケプカはこう答えました。

「よくわかりませんが、データ的によかったものをクラフトマン（注：プレーヤーに合わせて最適なクラブに調整する職種の人）に出してもらって使っているだけです」

勝つことに対しての集中力はものすごいものが感じられますが、ケプカにとって、それがたまたまゴルフだけだったという気がします。ゴルフそのものが好きというわけではなく、勝つことやキャリアを積み上げることを楽しんでいるのではないかと感じます。

だから、メジャー大会の勝利後の3週間ほどは完全にオフにし、その間はゴルフクラブは一切握らないといいます。

日本のゴルフ界では、「ゴルフは1日休んだら、技術を取り返すのに3日かかる」と言われていました。3週間も休んだら、試合感覚を取り戻すのに単純計算で9週間かかります。それが彼は休養後に1試合トーナメントに出場した後、メジャーに出場して上位争いをするのです。

しっかり働いた後はリフレッシュのために休養を取る。そして、メジャーの前に平場の試合に出て感覚を戻す。メリハリのきかせ方がとてもうまいと言えます。

さらなる成長のためにケプカが選択したこと

順風満帆のように見えるケプカですが、2019年秋に左膝をけがしてからはそれまでの勢いがスピードダウンしてきました。とくに、パッティングに不調を来たすようになったのです。

ケプカ、2019年の成績

平場の試合はケプカにとって、メジャーに向けた調整にしか過ぎない。メジャーとメジャーの間の期間は1～2試合の出場にとどめ、体力温存と調整につとめている。

米国男子	01/03～01/06	セントリートーナメントofチャンピオンズ	24	1～2月は月2試合
米国男子	01/16～01/19	アブダビHSBCゴルフ選手権	9	
欧州男子	01/31～02/03	サウジインターナショナル	57	
欧州男子	02/21～02/24	WGCメキシコ選手権	27	
米国男子	02/28～03/03	ザ・ホンダクラシック	2	3月からメジャーに向け調整
米国男子	03/07～03/10	アーノルドパーマー招待	85	
米国男子	03/14～03/17	ザ・プレーヤーズ選手権	56	
米国男子	03/27～03/31	WGCデルマッチプレー	T56	
米国男子	**04/11～04/14**	**マスターズ**	**2**	
米国男子	04/25～04/28	チューリッヒクラシック	22	
米国男子	05/09～05/12	AT＆Tバイロン・ネルソン	4	
米国男子	**05/16～05/19**	**全米プロゴルフ選手権**	**優勝**	
米国男子	06/06～06/09	カナディアンオープン	50	優勝後休みをとる
米国男子	**06/13～06/16**	**全米オープン**	**2**	
米国男子	06/20～06/23	トラベラーズ選手権	57	
米国男子	07/04～07/07	3Mオープン	65	
米国男子	**07/18～07/21**	**全英オープン**	**4**	
米国男子	07/25～07/28	WGCフェデックスセントジュード招待	優勝	
米国男子	08/08～08/11	ザ・ノーザントラスト	30	プレーオフに入ってから最終戦に向けて調子を上げていった
米国男子	08/15～08/18	BMW選手権	24	
米国男子	**08/22～08/25**	**ツアー選手権**	**3**	
米国男子	10/03～10/06	シュライナーズホスピタルforチルドレンオープン	106	
米国男子	10/17～10/20	ザ・CJカップ	棄権	

そこで、ケプカはそれまでのパッティングコーチ、ジェフ・ピアースからトミー・フリートウッドやジャスティン・ローズを教えるパッティングコーチの第一人者、フィル・ケニオンにアドバイスを求めることにしました。

ピアースはかつてブッチ・ハーモンのアカデミーに所属していたコーチで、２０１３年から長らくケプカのパッティングコーチを務めてきました。ピアースは私もよく知っており、気さくな性格で、ツアー会場で指導方法を教えてくれたり、勉強会にも参加させてもらったことがあります。

そのピアースにケプカのパッティングについて話を聞いたことがありますが、ケプカはパッティングストロークがアウトサイドイン軌道になる癖があったそうです。そのため、グリーンにティーを差して、軌道を修正するための練習を頻繁に行っていました。軌道やフェースの向きなどのメカニカルが改善したうえで、距離感を向上させるための練習にも取り組んでいたそうです。

ケプカがケニオンに教わったのは、パッティングに関していままで以上にロジカルな要素を取り入れようとしているからだと思います。２メートル以内のパッティングの成功確率を高めるためには、軌道やフェースの向きだけではなく、入射角やボールの転がり方など細かいデータを分析する能力が必要になります。

ケニオンはピアースとはタイプの違うパッティングコーチで、ロジカルなティーチングに定評があります。パッティングストロークの現状分析をしてもらうには最適な人選だと思います。

もちろんピアースのティーチングスキルも優れていますが、ケプカはいままで以上に高度なパッティングスキルを身につけるため、一流選手の指導経験が豊富で、高度なティーチングを得意とするケニオンの指導を受けたのだと思います。

当初、ケプカはセカンドオピニオンとしてケニオンに教わったと思っていましたが、ピアースとコーチ関係を解消したのは従来の取り組みに限界を感じていたのかもしれません。ケプカとピアースはタッグを組んだ7年の歳月で、4つのメジャータイトルを手中に収めました。ピアースは十分役目を果たしたと思いますが、「メジャーしか興味がない」と公言するケプカにとって、さらなるレベルアップのためにパッティングコーチの変更は必要な選択だったのでしょう。ケプカの視線の先には、4大メジャートーナメントの制覇「キャリア・グランドスラム」の達成があるのかもしれません。

コーチ目線でピアースの心情を察すると、長年ケプカの勝利に貢献してきただけにつらい気持ちもあると思います。しかし、選手とコーチには出会いと別れがつきものです。選手が同じコーチとタッグを組み続けるというケースもありますが、大半はコーチが変遷していくものです。小学生が中学生になり、高校生になるにつれて教わる内容が変わっていくように、ツアープロもジュニアから若手、トッププロ、ベテランへと階段を上がっていくにつれ、必要なアドバイスも変わっていきます。

選手が成長し、ステージが上がれば上がるほど、高度な指導が必要になります。たいていの場合、選手が次のステージに進むと、従来のコーチでは対応できなくなり、次のステージのコーチにバトンタッチしていくものなのです。

子どもの成長を喜ぶ親のように、指導者の本当の喜びは生徒の成長です。指導者にとって一番の報酬は、成長した生徒が卒業し、新たな道を歩みはじめる後ろ姿を見送ることなのではないでしょうか。

一流選手は1人で試行錯誤しない

不調に陥ったとき、そこからの脱出の方法は、選手によってさまざまです。ひたすらボールを打って感覚を取り戻す選手もいますし、いろいろなコーチに話を聞いて回る選手もいます。

ケプカはたびたび複数のコーチに意見を求めています。２０２０年３月にフロリダからわざわざラスベガスまで出向いて、専属スイングコーチであるクロード・ハーモン３世の父、ブッチ・ハーモンに指導を受けています。もともとケプカはブッチとハーモン３世の２人に指導を受けていましたが、不調の原因を探るため、ツアーを引退していたブッチにセカンドオピニオンを請い、新たな視点を得ようとしたのでしょう。

ゴルフコーチというのは、不調の原因を探る医師のようなものです。どんなに有能な医師でも、患者が病気を治したいと思わなければ治療はできません。患者が自らを改善するために、話を聞きたいという姿勢を見せることがすべてのはじまりとなります。しかし、人の話を素直に、謙虚に、偏見を持たずに聞くということは、簡単そうでなかなかできないものです。さらにその人に実績があればあるほど難しくなるものです。

ケプカは優秀なコーチを集め、素直に彼らの話に耳を傾け、最善の策を実行することでメジャートーナメントで結果を出してきました。状況によって、長年の付き合いのあるかかりつけ医と、セカンドオピニオンを使い分けて現状分析できることこそが、ケプカの強さの源泉だと思います。

タイガーやミケルソンも壁にぶつかったときに、1人で試行錯誤をしませんでした。優秀な人材を見つけ、彼らの話に耳を傾けて自らの殻を破ってきたのです。

彼らのように複数のメジャーを制するためには、優れた人物の話に耳を傾ける「**素直力**」が必要になるのです。

合理性を重視する「チーム・ケプカ」

2年でメジャーを4勝したケプカの戦略的な戦い方は、ある意味、理想的ですが、誰もができるわけではないという点で驚異的と言えるでしょう。それだけピークを合わせる技術が超一流ということです。

もちろん、ケプカははじめからメジャーで勝つことに絞った戦略ではなかったはずです。プロになりたての頃はいくつものトーナメントに出場して腕を磨いたことでしょう。

ある程度の経験を積み、トーナメントコースの知識を得て、自分の技術力を高めなければ、いきなりメジャーで優勝などできるわけがありません。ノウハウや技術の蓄積の末、射程を合わせられるようになったのだと思います。

チーム・ケプカは、本物のプロ集団であり、チームを維持するには相当高額な運営費がかかっているはずですが、ケプカは効率的に結果を出すことを求めました。

彼は**コストをかけてベストなチームをつくれば最高の結果が得られる**と発想しているのです。とても合理的なので、どれほど仲が良くても結果が出せなくなったコーチとは契約しません。2020年11月にスイングコーチのクロード・ハーモン3世、2020年7月パッティングコーチのジェフ・ピアースとも決別しています。**情より理を取る**。それがケプカの流儀なのかもしれません。

チームがまとまるために大切なこと

本来チームは共通の目標に向かうために組織されます。課題が大きいほどメンバーそれぞれが得意なスキルを持ち、その掛け算で最大の結果を生み出します。それには各人が「自分はこう思う」と対等な立場で意見を出し合い、疑問に思うことは徹底的に議論し合意していかなければうまく回りません。２０１７年から２０１９年にかけて、ケプカはメジャーを4勝していますが、この時期の「チーム・ケプカ」はこれがうまく回っていたから、結果が出ていたというわけです。

仮に、**チームの中で批判された場合、本当に仕事ができる人はその意見が正しければ非を認め、自分の考えを改める度量があるものです。逆に、プライドばかりが高い人は正しい意見であっても反論されたことを腹立たしく思います。すると、その人にはもう誰も何も言わなくなり、そこでチームの成長が止まります。**

その人にとって有益な意見を言ってくれる人を遠ざけ、イエスマンばかりを取り立てていると知らぬ間にチーム力が下降していくというのは日本のビジネス社会ではよくあることではないでしょうか。

ゴマすり文化は社内では通用しますが、社外では全く意味をなさず、組織のパフォーマンスを下げるだけです。ゴルフコーチが選手に適切な指導ができず、ご機嫌ばかりとっていたら選手の成績が下がると同時にコーチの収入も評判も落ちます。

また、ゴルフは基本的には個人競技です。コーチが選手に心地のいい言葉ばかりかけて成績が落ちても誰もカバーしてくれません。野球やサッカーなどの集団スポーツなら1人の選手のパフォーマンスが下がっても、他の選手がカバーしてくれますが、ゴルフでは試合中にそのようなことは望めません。

日本特有の「同調圧力」とどう戦うか

PGAツアーの選手はケプカのようにチームを運営するのが当たり前となっています。チームスポーツのようにも思えますが、それぞれがプロとして独立しています。そのためメンバーはプロとしての技量に優れ、いかに的確なアドバイスをするかが問われます。仕事を離れれば一緒にいる必要もありません。

私はゴルフ場で決められた時間一緒に仕事をし、終われば別々に帰るのがスマートだと思うのですが、日本人同士だとなかなかそうもいかないことがあります。

大会練習日から会場に集まり、朝から晩まで1日中一緒にいないといけないような同調圧力が働くことがあります。メンバー全員が気を遣いすぎて疲れるのではないかと思うのですが、その輪から外されるのが怖いのかもしれません。

会社などでも空気を読むことが風土になっているところがあると聞きます。組織にいるとそうした雰囲気に敏感になるのでしょうが、フリーランスの場合、1人の生産能力がある程度決まっているので、空気を読んで遠慮するのではなく、誰と組んで生産性を上げていくかという能動的な発想が必要になります。

戦略実行にはリスクがつきもの

プロゴルファーは、チームとして勝つための準備をしていても、ボールを打つ瞬間は1人です。これまで述べてきたように、チームのメンバーに誰を選ぶのかで成績も収入も決まります。**チームメンバーの選択には、お金を払って知識を買うという投資の発想が必要**です。そして投資をする以上、回収のめどが立つ仕掛けを施す。これが戦略を立てるということです。

投資には当然のことながら、リスクが伴います。リスクは回避すべきだと思われがちですが、プロであるならリスク本来の意義を実践すべきでしょう。リスクというのは古代ラテン語のリシカーレ（risicare）が語源です。これは「勇気を持って一歩踏み出す」というのが原義です。リスクに対してネガティブにならず、回避策を準備しながらも果敢にチャレンジしていく姿勢です。リスクを取ることも戦略の1つとして理解しておくことです。

ゴルフと一緒で、会社経営は型をつくるまでが大変だと思います。その型をつくるための戦略は経営者が構想し、それをそこに参加する人たちと共有し、お互いを信じ合いながら計画を進めていく。そこには成功の保証はありませんが、優秀なメンバーがチームを運営することができれば、リスクに対しての耐性も強くなるのではないかと思います。トッププロがチーム運営するときと同じではないかと思います。

新たな技術を決して無視しない

日本のゴルフティーチングは有名選手が自らの方法論を教える時代から始まり、１９９０年代半ばにコーチがアメリカから技術輸入をする時代を経て、近年では科学的指導法で効率性を上げる時代に変わってきました。多くの分野で日本はアメリカからいろいろなものを輸入しています。ただ、日本に入り込むまでにはかなり時間を要するものが多いと思います。

バイオメカニクスによる指導もアメリカで行われてから10年ほど経って、ようやく日本でも認知されてきました。

これは日米の文化の差ということもあるのでしょう。アメリカでは新しいものが登場するとまずは試してみるという変化に強い国民性があり、これが国家の成長につながっているのかもしれません。だから、決まった方法論にこだわらず、もっといい方法を求めて新しいやり方を導入することに柔軟です。アップル創業者のスティーブ・ジョブズがその典型例です。

そして、新しいフォーマットをつくり出すことが得意なのもアメリカです。日本の場合、決まったフォーマットを改善するのは得意です。例えば、テレビの画質をクリアにする技術や音質を向上させる技術を追求するのは日本のお家芸です。しかし、映像を再現させるためにテレビという形態にとらわれないという発想はなかなか出てきません。アメリカにはテレビをなくして脳にチップを埋め込んで映像を楽しむといった革新性があります。

日本人は、決まった道をとことん追究するのは得意ですが、ゼロベースで何か全く違うものを生み出すことは得意とは言えません。

「頑張る」よりも「効率的」に結果を出すことの真意

日本がイノベーションを起こせないのは、成功体験に満足してしまい、自己革新しない傾向があるからだと思います。**頑張ればなんとかなるという考え方が根強いと、方法**

を変えようという発想が出てこなくなります。

そもそも「頑張る」ということは学校の部活から植えつけられます。部活では結果よりもとにかく頑張ることが重視され、その考えは大人になっても変わらないものです。例えば営業職だと「とりあえず足で稼げ」と指導されたりする会社がまだまだ多いようです。そのように上司から言われれば、お客さんのところに行くことだけが目的になるでしょう。

私は欧米に足を運ぶようになって、ゴルフ以外での分野も視察しているのですが、この**頑張る文化というのは日本独特**だと感じます。

欧米人はとにかく頑張るのではなく、いかに効率的に楽になる方法はないかと考える傾向があります。目的が売り上げ達成なら、効率的な方法を考え、戦略を立てます。自分が不得意なことは他の得意な人に任せて、自分は達成責任を果たすために工夫しながらゴールを目指します。結果を出すために逆算をして、さまざまな方法を発想する戦略的思考が得意と言えるでしょう。

効率化によって時間に余裕ができれば、休暇を取って私生活を充実させます。同じことを日本で行うとサボっていると思われることがありますが、欧米では、結果を出せば問題なしと思ってもらえる文化もあります。

指導とは結果から逆算してプログラムを考えること

私がクライアントにアドバイスするとき、事前にメリットとデメリットの話をします。教える側と教わる側が結果に対してイメージを共有できていないと時間を無為に過ごすことになりかねないからです。

その上で何が課題で、その課題をいつまでにどのレベルにするのかという、プランを共有することが欠かせません。

青写真がなく、ゴールが見えない状況で走り続けるというのは双方ともに難しいことです。**指導とは、結果から逆算してプログラムを考えるもの**です。結果を出すためにどのような工程がベストかを論理的に説明できなければ、その指導者は自分の経験則の積み上げでやってきただけの人かもしれません。

明確なゴールがあり、そのゴールに向かうために現状の課題について分析をし、分析から得られた材料をもと選手に最適な練習プランを立てることがコーチの必要最低限の仕事です。

選手自身が自らの課題を認識し、その改善法をコーチと共有して練習していけば、結果が出る確率は高まるでしょう。

選手は目標をはっきり意思表示し、コーチは目標を実現するためのプランを明示する必要があります。指導者は指導内容のメリットとデメリット両面を示し、この選択により、技術の精度が上がり、プレーがうまくいく確率が△%あるのだと、理路整然と説明することで信頼関係を構築することができるのです。

ティーチングとコーチングの技術

スポーツの指導者には、ティーチングだけではなくコーチングの技術が必要です。

いかに選手のレベルを上げていくかが指導者の役割ですが、技術指導をしているだけでは選手のレベルを上げるのは困難です。選手の自発性をどのように引き出し、人それぞれの性格に留意しながらやる気を高めるコーチングの技術が重要な要素になっています。

ティーチングとコーチングは異なる性質を持っており、対象によって使い分けが必要になる概念です。

ティーチングは、指導者が持っている知識を相手に教えること、コーチングは、相手が持っている意見や考えを引き出すことです。ティーチングは、新しい知識を相手に授けることで気づきをもたらし、コーチングは対話の中から双方が思ってもみない答えを引き出せる可能性があり、創造的な手法とも言えるでしょう。

ビジネスのコンサルティングの場合、リサーチや分析から戦略立案をしますが、実際に現場でクライアントと一緒になって仕事をするということはほとんどありません。現場での業務について専門家が必要なら別に専門家に依頼することになります。両者が一緒になってしまうと、戦略と日常業務の境が曖昧になり、いずれ忙しさから日々の業務ばかりを行うようになります。

コーチング（ドライバー編）

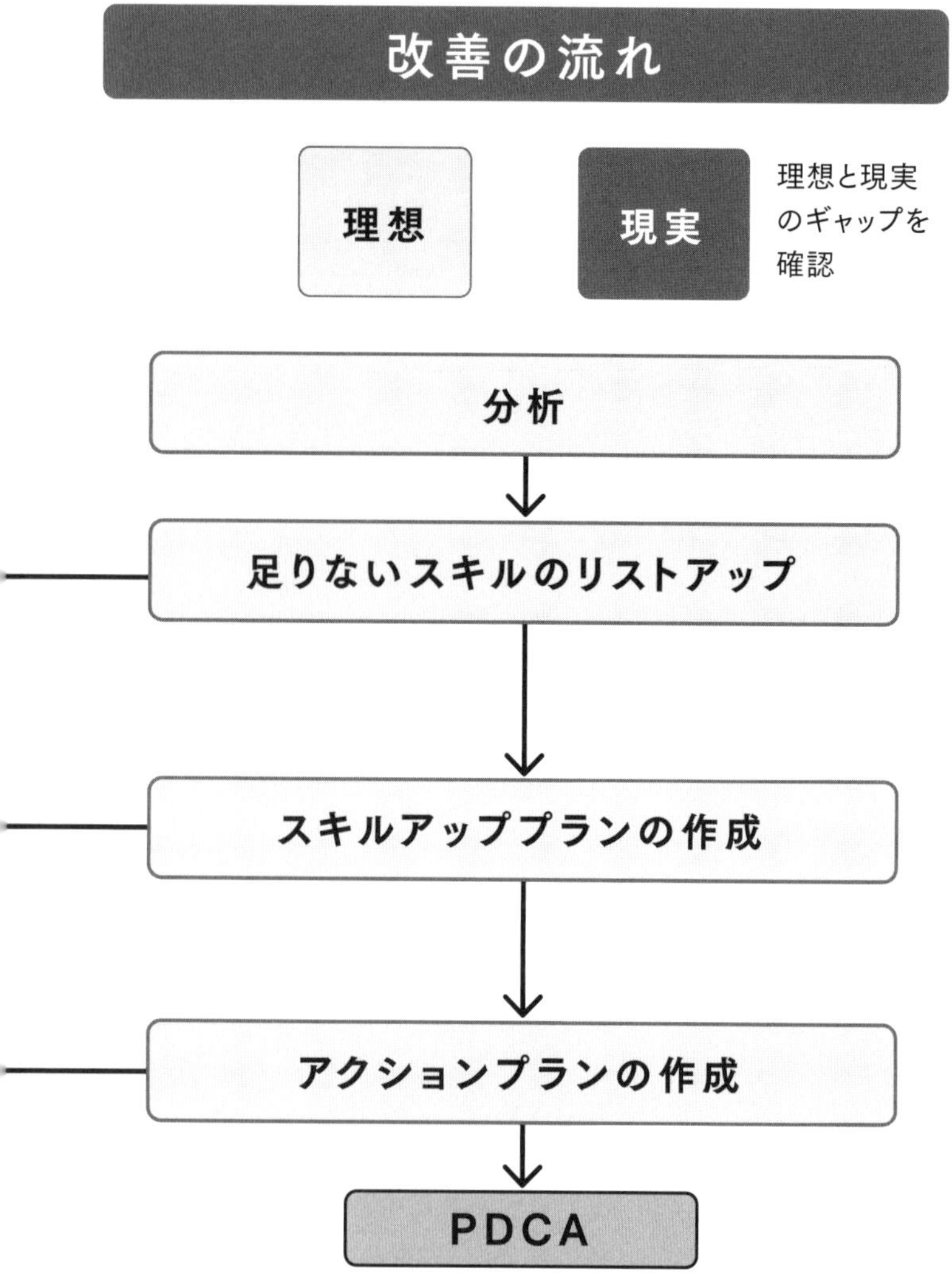

【例】プロゴルファーが飛距離を伸ばす

具体例

理想
●ドライバーショット
平均300ヤード（ヘッドスピード 52m/s）

現実
●ドライバーショット
平均280ヤード（ヘッドスピード 48m/s）

↓

- 地面反力を使えていない
- スイングの伝達効率が悪い
- フィジカルの弱点
- クラブは合っているか　　etc

↓

バイオメカニクス・トレーナー/コーチ、フィッター

- 地面反力を計測 ➡ 地面反力の数値を倍にする
- 力の向きを計測 ➡ コーチとスイング修正
- フィジカルトレーニングで体重 5 キロ増やす
- スピン量、打ち出し角の修正　　etc

↓

- 左足の踏み込むタイミングを修正 ➡ ステップドリル
- 右腕の使い方の修正 ➡ 片手打ち
- 週 3 のトレーニング、食生活の見直し
- 新しいシャフトを試す　　etc

コーチングの手順

1 ゴールのヒアリング

自分はどうなりたいのか、ゴールと目的を明確にする。明確でない場合は、ヒアリングして、最低でも3つの選択肢を提示、1つを選んでもらう。消去法でやりたくないことを消す方法のほうが選びやすい。

2 ゴールに向けた取り組み方のヒアリング

目指したい理想の状態になるための取り組み方を明確にする。明確にできない場合は、ここでも最低3つの選択肢を提示し選んでもらう。

3 プランのヒアリング

具体的なプランが明確でない場合、年単位、月単位でプランを記述できるフォーマットを用意し、必要事項を記述してもらう。

4 アクションのヒアリング

具体的なプランに基づいたアクション計画を確認。性格や生活習慣を踏まえた無理のないアクション計画がよい。

コーチングのポイント

▶事前に想定できる、「これから起こること」を説明する

選択によるメリットとデメリットを事前に説明する。**事前に伝えれば説明だが、事後に言えば言い訳になる。**未来をイメージできる助言を行い、そのとおりのことが起こることで、教わる側は「あのとき、こんなことを言ってもらっていたな」と思い、コーチを信頼するようになる。大切なのは、常に事前に説明すること、説明できるスキルを持っていることである。

コーチングの留意点

モチベーションをコントロールする

期待して結果が出ないとモチベーションは下がるので、結果に対しての説明や結果が出る時期を明示する。

例「現状の動きは良くなっていますが、動きがまだ定着していないようです。インドアで意識しながら行っていることは練習場で50%、コースではその半分の25%しかできません。いまは考えながら行っているので、無意識にできるようにしましょう。3カ月たてば無意識に動けるようになるので、コースでの成功率も高まります」

完全否定は絶対にしない

教える側の考え方をシャットダウンする可能性があるので、間違えていても否定するような言葉はNG。結果に対し予測される事前説明を行い、間違った方法によって失敗したことを、本人に気づかせる。

良い面をほめる。叱らずに改善点を伝える

良い面を見て伸ばすことを常に考える。叱っても、「自分は悪くない」と思う人がほとんどで効果はない。客観的事実と改善点を伝えるに留める。

下手に出たり、機嫌を取ることはしない

有益な指導とわかれば、教わる側はメリットを感じる。人間関係を良好にするだけでは、ものが言えなくなったり、軽く見られる可能性が高くなる。信頼を得るために、メリットを与えるという考え方が大切。

事実をきちんと伝える

ときには、目をそらせたくなる事実や現実を伝えることが大切。持論ではなく、数字や客観的事実、理論をベースに、「なぜそうなるのか」を説明し、現実を見せる。

仮に会社の社長が「売上げを前年の3倍にしよう」と宣言したとします。経営コンサルタントがその戦略策定を請け負う場合、売上げを3倍にするための具体的な手段、プラン、プロセスをコンサルタントは明示しなければなりません。その上で、社長が戦略に納得すれば、社内で実行に移すことになります。社長は幹部に指示を出し、幹部は社員に戦略に沿った業務命令を出します。ここまでが、一連の改革の大きなプロセスです。

ここで問題になるのが、ティーチングとコーチングです。

部長が「俺も頑張るからみんなも頑張ってくれ」と言ったところで社員は動きません。特攻部隊の隊長が「俺が先に行くから続いてくれ」というのと一緒です。目標を社員が理解できるようきちんと説明し（ティーチング）、具体的な行動を促さなければなりません。

指導者には予言者と職人の2つのタイプがある

指導者には戦略を立てて計画的に選手の力量を上げていくタイプと、現場で選手と汗を流しながらコーチングを行うタイプに大別できます。私は将来の姿を思い描き、そこから、戦略を立てられる指導者を「予言者」、現場で選手と一緒になって技術指導する指導者を「職人」と呼んでいます。

戦略家には想像力が求められます。この選手はいずれこうなる、この戦略はいずれ成功する、過去のデータや思考法、スイング理論などを駆使してあらゆる角度からゴールに導く方法を思い描く力です。

一方で、職人は、所与の課題について期待どおりの結果を出す実現力が求められます。すし職人だと、目の前のネタを使って毎回一定の味のすしを提供しなければなりません。予言者は想像力、職人は実現力というように求められる力が違います。選手に教えずに気づかせるタイプのコーチも職人に当てはまります。

選手が**レベルアップやスキルアップを望む場合は戦略的なコーチが必要**です。**日々の調子を整えたり、基本的、あるいは技術的な問題点の改善なら職人的なコーチが適切**です。

選手をプロデュースする方法が適切であれば、その選手の実力は何倍にもなります。ビジネスの場合でも良いものをつくっただけでは売れる保証がありませんが、マーケティングをすることで売れはじめることがあります。

また、GAFA（グーグル、アップル、フェイスブック、アマゾン）に見られるように、発想力の豊かな創業者がこれまでの世の中にないプロダクトを生み出し、それを百戦錬磨のプロ経営者が経営を担うことで、企業を飛躍的に成長させるという成功の方程式がありますが、**役割分担が明確であることが成長エンジンそのもの**であるとも言えるでしょう。

年功序列とジョブ型スタイル

日本の会社では、専門性がないのに年功序列、という理由で管理職を委任したことで組織がダメになるケースはよく聞く話です。

アメリカには年功序列がなく、職務ごとに雇用される人事制度（ジョブ型……職務、勤務地、勤務時間を明確にして雇用契約を結ぶこと。欧米では主流）が背景にあり、雇用者はその分野でプロとしてフリーエージェント的に会社と対等な関係にあります。だから終身雇用という概念もありません。自分が商品であり、会社は社員の能力を雇用するという考え方です。

能力が発揮できる場という箱があり、その箱が自分の意に沿わなければ違う箱に自ら移り、会社側も適切ではない人がいれば箱の外に出す、そうしたドラスティックな関係です。

ここでの評価は、結果しかありません。

人間的にいい人だからといって出世はしませんし、長くいるという理由だけで昇進するということもありません。

ポジションが空いたからといって日本のように違う職務から人をあてがうことはせず、そのポジションに適切な能力をもった人物が社内になければ、外から補充します。

プロフェッショナルなチームとは

プロスポーツの世界でも、役割分担が明確だからこそ、担当分野を担う人が専門性を発揮して最高のパフォーマンスが生まれると言えるでしょう。1人ひとりが役割に責任を持ち、結果を出す。その集積がチームです。チームとしてまとまるには、共通の目標設定が必要です。目標達成のための役割を明確にし、その役割にふさわしいプロを配置するのです。

これは何もプロスポーツの世界だけでなく、一般のビジネスでも同じことです。会社のビジョンを実現するために目標があり、その目標のために社員が自分の得意な能力を発揮する。営業が得意な人、開発が得意な人、バックオフィス業務が得意な人、マネジメントが得意な人、適材が適所に集合して同じゴールを目指すことが本来の会社のあり方です。適材適所ではなく、〝適所適材〟であることが組織力を高めることになるのです。

こうしたフレームワークがあることでチームメンバーの力は相乗効果が発揮されます。PGAツアー選手のチームも足りないところがあれば、その欠けたピースを埋めることで組織が完成するという発想があるチームは必ず強くなります。能力があるかわからないけど、とりあえず兼務するという発想は世界では通用しません。

スポーツマネジメントでは、目標からブレークダウンした機能ごとに役割を決め、その役割に責任を持つことがメンバーの必須要件です。そのために、全体像がわかる機能のフレームワークが必要になります。このフレームワークに〝適所適材〟を当てはめていくことでチームが構築されていきます。

ゴルフティーチングの専門家たちは、スイングコーチがパットを教えるというような、担当分野以外について領域侵害をしません。領域侵害を起こせば大混乱になるため、選手からアドバイスを求められても基本的にはNGです。加えて教えているのはプロですから、金銭が発生しないことには答えません。弁護士が無料ではアドバイスしないのと同じです。

結局、仕事というのはプロフェッショナルに助けてもらいながらゴールを目指すのが効率的であり、全体の生産性も上がるのです。

第5章

指導の原則

勝つために必要なこと

石川遼《いしかわりょう》選手が米国ツアーに挑戦していた頃、面白いことを語っていました。

「みんなでエベレストの頂上を目指しているのに自分は軽装で行ってしまったので、結局、怪我をして帰ってきた。このとき、頂上はとても遠いと思ったし、そこはトッププロの大行列だった」

ＰＧＡツアーでは、多くの選手が行列をなしながら虎視眈々《こしたんたん》と頂上に立つことを狙っているわけです。そこに軽装でいくのは間違いで、きちんと準備しないとベースキャンプもつくれないという主旨です。富士山なら軽装とは言わずとも、山登りのトレーニングをしなくても登れます。その程度の準備ではエベレストだったら１００％無理ということです。

男子選手がメジャーで勝つには、経験値も技術力も高みに立っていなければなりません。

ジャック・ニクラウスやタイガー・ウッズのように、20年以上にわたりメジャーで勝ち続けたのは、限られた偉大な選手だけです。若いときに急成長して勢いで勝ったものの、その後はメジャー優勝から遠ざかるという例はたくさんあります。

一時の輝きだけで終わる選手は怪我が原因の場合もありますが、更に上を目指してスイングや体を変えて低迷するケースもあります。

マルティン・カイマーというドイツの選手は、20代半ばで全米プロと全米オープンの2大会を制しましたが、より完璧を求めてスイングを変えた結果、調子を崩して2014年の全米オープン以来、メジャーでの優勝から遠去かっています。

29歳のときに全英オープンの優勝経験があるデビッド・デュバルも、かつてはタイガーと優勝争いを演じ、1999年にはタイガーを抑えて賞金王にもなりました。それがスランプに陥り、2009年の全米オープンで惜しくも2位タイとなったのを最後に表舞台からは消えました。

彼は30代のこれからというときに、より良くしようとスイングを変えたり、太り気味の体を絞るなど、上を目指して試みた改造が裏目に出てしまいました。メジャーで優勝したことで、さらなる高みを求めて改造を施したことで狂ってしまうパターンの典型例です。

ＰＧＡツアーを戦い抜くためには、選手自身のプレースタイルにあったコーチを厳選し、勝つためのプロジェクトチームをつくることが前提条件ですが、迷路に入ってしまったのは彼らのチームづくりに問題があったからだと思います。これまでのスイングとはまったく異なるスイングモデルのコーチを選び、スイングを改造しようとしたことは大きな失敗でした。

彼らが考えなくてはならなかったのは、今までのスイングを進化させたり、さらに安定させることでした。適切な戦略を持たず、良さそうなものに手を出したことで大きなものを失いました。

変化対応力により結果は変わる

タイガー・ウッズはスイングを３回も劇的に変えましたが、そのたびに勝っています。しかし、スイングを１回変えただけで結果を出せずに終わる人もいます。才能だけで勝てるほど甘い世界ではないということの明確なエビデンスでしょう。

タイガーもデュバルもゴルフの天才です。デュバルは賞金王を獲得していますし、タイガーを押さえて全英オープンに勝っている選手です。才能だけで勝てるなら、デュバルもタイガーのようにその後も勝ち続けられたはずです。しかし彼は、タイガーのようにはなれませんでした。

タイガーは改良のポリシーを決めて一定期間集中したことで、スイングを変えても高みを維持し続けることができました。

タイガーはいろいろなティーチングやスイングモデルに手を出すのではなく、これだと思った指導者に集中的に指導を受ける姿勢が一貫しています。

スイングを変えることはゴルファーにとっては賭けに近い行為です。「今よりもなんとなく良くなりたい」という曖昧模糊《あいまいもこ》としたビジョンでは、どんな指導を受けても効果は見込めないでしょう。

受験勉強で、自分の長所と短所を知ったうえでテキストや参考書を選んで勉強したほうが効果的な勉強ができるのと似ているのではないでしょうか。いろいろな人にすすめられるままに次々と参考書や問題集を集めても、どこから手をつけていいかわかりません。

ビジネスでも有名講師のセミナーに参加するだけでは、その場限りの話として満足してしまい、何も身につかずに終わります。最悪の場合、余計な知識を得たことで誤った判断基準が身についたりもします。

知識が体系化されず、穴埋め的に自分に足りないものを埋めていく思考や作業では、せいぜいつぎはぎ状態が関の山。良い結果に結びつくことはないでしょう。

付け焼き刃のリスク

アマチュアゴルファーは、ゴルフ雑誌やユーチューブなどの動画で紹介されているようなティップスを取り入れることがよくあります。それはただの「情報」であって、体系化された「知識」でもなければ、自分をより良くしてくれる「知恵」でもありません。

選択肢を比較するのは良いことですが、実際に自分が関心のある指導法を提示している人から直接教わらないと身になるかどうかはわからないものです。

ゴルフ雑誌や動画などのレッスンが間違っているのではありません。でも、それがその人にとって本当に必要な情報であり、必要な技術指導なのかは別問題です。体型や筋力もみな違います。ティップスはあくまでもティップスに過ぎず、すべての人に効果があることを保証するものではありません。

スイングは各パーツが連動しているため、スイングを変える場合、動作を１つ変えると他の動作が３つズレてしまいます。

具体的に説明すると、たとえば、スイング中にクラブフェースが閉じていて、左に曲がるプルフックのミスが多いアマチュアゴルファーがいたとします。この問題を解決するために、トップの位置で上を向いているフェース面を、45度のスクエアな状態に変えることでフェースが閉じてしまうミスを解消しようとしたとしましょう。

たしかにフェースの向きをスクエアにすることで、プルフックの回数は減ると思いますが、それだけですべての問題が解消するかといえば、そう単純な話ではありません。フェースの向きを変えれば、他のスイング動作にズレが生じるのです。経験上、１つスイング動作を修正すると、３つズレが起きます。

この例の場合、フェースローテーションに１つめのずれが生じます。フェースが今までよりも開いているため左へのミスを防ぐことはできますが、インパクト前後にフェースを開閉する動きを入れないとボールがつかまらなくなり、スライスやシャンクが出る可能性があります。

また、それまでは腰を早いタイミングで回転させることでフェースがスクエアになっていた場合、体を速く回転させればさせるほど、フェースが開きボールがつかまらなくなります。

さらに、今までは手首の角度を開放するリリースのタイミングが遅く、ほとんど手首の角度をキープする意識だった場合、ダウンスイングでクラブが地面と平行になるあたりからリリースを意識してクラブヘッドを走らせないと振り遅れてプッシュアウトやダフリのミスが出てしまいます。

このように、トップのフェースの向きを変えるだけで、大きなパーツだけでも３つの修正ポイントが生じます。さらにフェースローテーションや体の回転、リリースポイントを修正しようとすると、そこにも3つほど別の修正ポイントが生じます。つまり、スイングの一部分だけを直そうとしても、修正ポイントはネズミ算式に増えていき。結局はスイング全体を見直すことになってしまうのです。

最初からスイング修正によるズレの「副作用」を考えずに、安易に見た目を変えようとしたり、行き当たりばったりでスイングを直していくと、最後はつぎはぎだらけのスイングとなり、元に戻すことすらできなくなってしまいます。それだけ、ゴルフスイングというのは、多くの動作が複雑に組み合わさって構成されている繊細なものなのです。

病院でお医者さんから処方される薬には効果はもちろん、必ず副作用の説明が記載されていると思います。ゴルフのレッスンでも効果ばかり謳い、副作用やマイナス面の説明をしないのは、指導者の知識不足か、不誠実な対応と言わざるを得ません。

選手だと、日々の試合による疲れやコンディションによってスイングにズレが生じることがあります。この場合、疲れによるズレであることを認知して修正を図ればいいのですが、それをふまえずに修正を図るとそのズレが大きくなってしまうことがあります。

こうなると**頭と体がリンクせず、スランプにつながる**こともあるのです。

疲れたときにスイングがどのような状態になるかがわかっていれば、調整することは難しくありません。疲れによる変調はよくあることなので、その日の体調に合わせて技術をどのようにフィットさせていくかが大事になります。

ゴルフの場合、体調や身体動作の変化以外に、クラブのマッチングという要素もあります。こうした要素を総合的に見て、何によりズレが生じたのか、変化の原因を常に突きとめられるようにしておく必要があります。

逆算思考で臨機応変に対応する

ゴルフはゴルフ場ごとにコースが違いますし、18ホール毎回違う距離であったり、グリーンのカップの位置も変わります。だから、その場に応じた対応力と臨機応変さが必要になります。

しかも屋外スポーツなので天候も日によって大きく変化します。そうなると同じコースであっても全く違うシチュエーションになるので、極端な変化に柔軟に対応する力が他のスポーツ以上に求められます。

日本のプロ野球のスタジアムは、両翼が94～102メートル、中堅が118～122メートルとばらつきはあるものの、決定的な違いはありません。ゴルフだと150ヤードの次は500ヤードになるなど、ホールの長さが同じということがありません。

常に異なる環境で良いスコアを出すために必要なのは、逆算思考です。

目の前の1打1打が大事なのは言うまでもありません。それだけではなく、できるだけ少ない打数でホールを攻略するために、カップから逆算して攻め方をイメージする必要があります。

さらに、風など不確定要素を察知して、打ち方を瞬時に判断する意思決定もあります。

ゴルファーはゆっくりプレーしているように見えますが、パソコンのCPUが高速演算するように頭はものすごい勢いで回転しているのです。

「自分を変える」ためには「自分をよく知る」ことから

プロゴルフツアーでは試合ごとにコースや天候が毎回同じではありませんから、スイングやパッティングなど技術的なコアの部分がブレていては勝つことはできません。自分の技術を軸にしながら、周囲の環境にどう対応していくかを決断しながら戦略を練ります。

ただ、プロゴルファーでもこの戦略がなかなか描けない人も少なからずいます。ここで迷っていては安定して良い成績を出せません。

例えば、新製品を開発するとき、市場をよく調べて自社技術で商品化できるものを考えますが、自社技術の特性を曖昧に理解したまま、どこで売れればいいのか迷っていては失敗が目に見えているようなものです。

試合ごとに違うのは、コース、出場選手のレベル、天候などです。だからこそ、自分のゴルフスキルがどのレベルにあるのかを客観的に知ることが非常に重要になります。

ゴルフスキルという軸がしっかりとしていなければ、周囲の環境変化に翻弄《ほんろう》されます。そしてその軸を太く安定させるために技術を磨くわけです。

ただ、コーチが教えれば技術力が上がる、スイングが良くなると短絡的に考えるのは間違いです。

私が指導するとき、まず、「スイングを変える必要性があるかどうかを考えてみてください」と話します。目指しているゴールによって求められることが全然違ってくるからです。

「楽しむためのゴルフ」と「競技に勝つためのゴルフ」でも違いますし、プロが世界を目指すのか日本国内で戦うのかでも求められるものが当然違ってきます。

現状を変えたいと思うのであれば、何を目指しているのかをはっきりさせることです。その前に変える必要があるのかをよく考えることも必要です。しっかりと自分で現状分析してみて、なぜそうしたいのかという理由を説明できるようにしておくことがとても重要です。

〝柱〟ができないとゴルフは上達しない

私の基本スタンスは、指導する相手に満足してもらうことなのですが、まれにうまくいかないこともあります。

かつて、新しいスイング理論を知るとすぐにスイングを変えたくなる人に指導した経験があります。最初に指導してから2カ月間、私の指導プランにより少しずつスイングがよくなってきていました。ところが、その人は「新しいスイング理論を本で読んだのでスイングを変えたい」と言いはじめました。1回だけならわからなくもありませんが、その後も2カ月ごとに同じことが繰り返されたのです。2年間、私としてはかなり辛抱強く付き合い、その都度スイングを作りましたが、結局スイングは固まることなく、私から指導を辞退しました。

いくら好奇心が旺盛でも、技術を習得するのに次から次へと新しい理論や打ち方に手を出しては、上達は難しいでしょう。

不器用な人でも基本を守って根気強くやれば、少しずつではあっても、誰でも確実に良くなっていきます。そこがゴルフの面白さでもあります。

基本というのは、〝柱〟になるものです。建築物と同じように柱が太いほどブレにくくなります。

スイングにおいて、**基本的なスイングモデル（柱）**があったうえで、改善していくのはいいことですが、基本を脇に置いて、「よさそうだ」と思うものをかたっぱしから取り入れてもうまくいく保証はありません。その点では、タイガーは太い柱を軸にして、集中して取り組むことで結果を出しているわけです。

タイガー以外では、フィル・ミケルソンも同様です。**基本がしっかりと固まっていて、そこにより良い手法を取り入れて新しい型を固め、柱をさらに太くしている**のです。基本を固めて、次のステップへ。こうしたチャレンジなら階段を1歩ずつ確実に上がっていく成長となりますが、柱ができないうちに違うスタイルに変更してしまうと中途半端なスイング改造に終わりかねません。

技術を身につけるには、一定の時間が必要です。**知ることと習得することの間には大きな差**があります。常に安定したパフォーマンスを発揮するには時間がかかるのです。

せっかちな人はそれを待てず、すぐに結果をほしがります。インドアでできると、コースでもできるだろうと早合点します。ところが実際にコースでトライするとうまくできない。だからまた新しい打ち方を試みようとする。この繰り返しでは永遠に上達できません。

今できたからといって、次もできるわけではありませんから、一定の時間をかけて、体になじませることが必要です。

私はせっかちな人を教えるとき、「野菜は種や苗を植えて収穫するまでには時間を要します。それと同じでスイングが固まるまでには一定の時間が必要ですよ」と伝えます。ゴルフを上達したいと真剣に思うなら、根気強くならなければなりません。逆に言うと、根気強い人が技術を高めていけるのです。

半年後、1年後に習得したい技術をリストアップし、技術向上のプランを立てて、時間をかけて型として身につける。2年後には競技で勝てるレベルを目指すといったプロセスが必要です。

技術習得の時間はもちろん人によって違いますが、一朝《いっちょう》一夕《いっせき》に習得できる技術などありません。逆に言えば、**1日で習得できる技術など何の役にも立たないレベルのもの**

だと言っても言い過ぎではないでしょう。

「成功から生まれる傲慢」に気をつける

米国の経済学者ジェームズ・コリンズの著書『ビジョナリー・カンパニー』のことは先述しましたが、繁栄し続ける企業と衰退してしまう企業は何が違うのかを説いたこの本の第３弾の副題が**「衰退の五段階」**です。著者の分析ではその１段階目が**「成功から生まれる傲慢」**です。この本によると、企業は成功して経営を続けていくうちに、その成功が当然のことのように思い、変化を拒むようになります。すると、衰退へと進むことになるそうです。成功から生まれる傲慢さが経営者と組織自体の優秀さだと解釈され、「好奇心や学習意欲を低下させることで変化対応しなければ」と気がついたときには手遅れになるというのです。

ゴルフの世界でも若くして成功すると人の意見が聞けなくなる人がいますが、自分が万能だと思うようになると衰退の道に進むことになりかねません。

ちなみに「衰退の五段階」の続きは**「規律なき拡大路線」「リスクと問題の否認」「一発逆転策の追求」「競合への屈服と汎用な企業への転落か消滅」**という過程を踏んで、企業は衰退するとしています。つまり、「成功から生まれる傲慢」が衰退の兆しということです。

タイガーは成功しても傲慢にはならなかったので、人の意見を聞くことができたのです。プライベートなことはわかりませんが、ことゴルフに関しては謙虚な姿勢を維持していたということになります。

どの世界にも、成功すると自分のやり方が正しいと思い込む人がいます。ゴルフでもかつての成功体験があるプロは「俺のやり方が正しい」として人に教えることがあります。しかし、自分がうまくいった方法が教える相手にマッチしないこともあります。

成功体験をすべて否定するわけではありませんが、適する場合もあればそうでない場合もあるので、双方がベストマッチするかどうかはよく検証すべきだと思います。

自分を変えるために人の力を借りる

自分を変えたいというとき、人の力を借りるというのがアメリカ流なのかもしれません。

米国からの帰国の機内で観た映画『ロッキー』のシリーズ作品『クリード　チャンプを継ぐ男』の主人公は、ロッキーのライバルだったアポロの遺児、クリードでした。

彼は父とロッキーの死闘を動画で観たことからプロボクサーになることを決意し、すでにボクシングと離れていたロッキーにコーチを依頼します。そのひたむきさからコーチを引き受けたロッキーにより、クリードは不敗のチャンピオンと対戦するという内容です。

父親のライバルに教えを請う、しかもボクシングからしばらく離れていた人にコーチを依頼するという発想はなかなか出てこないと思うのですが、「強くなるには誰が自分にとってベストな技術を持っているか」を考えるのがアメリカ人ではないかと思ったのです。

勝利をもたらす指導者の条件

ゴルフに限らず、アメリカのプロスポーツは完全な分業制になっています。しかも、それぞれの役割をプロフェッショナルが担います。何でも屋では太刀打ちできない、本物のプロ集団。これがアメリカのプロスポーツです。

私はプロバスケットのNBAを観るのが好きなのですが、ニューヨーク・ニックスやヒューストン・ロケッツのヘッドコーチを務めたジェフ・ヴァン・ガンディがとても強く印象に残っています。

彼は2007年以降現場から離れ、テレビ解説者などを務めていますが、選手経験がなく、NBAのプロチームを指導した人でした。お父さんが大学のコーチを務めていたことも影響したのでしょう。彼も選手ではなくコーチの道を歩みました。

高校、大学のチームを経て、NBAのアシスタントコーチからヘッドコーチへとステージを上げていき、1999年にニューヨーク・ニックスのヘッドコーチとしてNBAファイナルを経験します。残念ながら優勝は果たせなかったのですが、選手未経験の人物が世界最高峰の舞台のヘッドコーチだったわけです。小柄で、見るからにひ弱そうなバン・ガンディーが2メートル以上の大男たちに囲まれている姿がいまも鮮明に思い出されます。

NBAでは体格やカリスマ性が重要なのではなく、チームを勝たせることができる戦略性とチーム戦術の方法論を持っていることが指導者の評価軸ということなのです。更に、シュート、ディフェンスなどのアシスタントコーチが4～5名、トレーナーが1～2名、分業制で自分の持ち場の責任を負い、相互がリスペクトし合うことでチームが機能します。完全分業制ですが、優勝という目的のもとにチームがまとまります。

逆に、選手としての実績を持つ人が自己流で指導するということは現代ではもう通用しません。自分ができたことを教えても、それが相手に合うかどうかわからないからです。

選手としての経験がどれほどあっても、理論を学んでいないと指導者は務まりません。理論があるから、戦略や戦術をつくることができるのです。

もちろん、名選手で名監督と言われる人もいます。現在レアル・マドリードの指揮を執る、元フランス代表ジネディーヌ・ジダンです。普段は寡黙なのに、試合となると熱情的になる。しかし、好戦的でなく紳士。選手時代に戦術を体得したうえに、現役引退後は名将に付いてさらに戦術論に磨きをかけ、いまや選手時代と同等の高い評価を受けています。

彼にしても、監督としての頭脳に徹し、決して自分の思うように選手を操作しようとしません。選手の個性を見極め、チームとして機能するように巧みな采配を振るうので、選手だけでなくフロントからも信頼が厚いのです。人望による人心掌握ということです。

1つの問題に複数の解決方法を用意する

ジダンが監督として実績をあげているのは、選手のコントロールの仕方が絶妙であることと戦術のオプションをいくつも持っていることにあるようです。試合の局面によって柔軟に戦い方を変えることができるのです。

ゴルフのティーチングにおいても、答えは1つではありません。1つの方法に固執するのではなく、いくつかプランをつくっておくことが必要です。ゴルフは地形や天候以外にメンタルな部分でも変化が生じやすいので、状況が変わったときを想定して複数の解決策を用意しておくことはとても大事なことです。

ゴルフティーチングの場合、典型的な成功事例から導かれた手法なら効果がすぐに出る場合もありますが、その解決方法が合わない人には効果がありません。だからこそ、ティーチングにおいては複数の解決策が必要なのです。

実際の指導において、スイングの問題を解決するために、さまざまな面から分析していかないと矯正はうまくいきません。クラブの握り方やスタンスのとり方など、その個性に合わせていくつもの解決策を持っておくことは指導者としての必須条件です。

私の指導の際、最初に1つの方法を提案して試してもらいますが、相手が「これは自分には合わないいんじゃないか」という反応を示す場合があります。こうした場合には、Aという方法で納得できないなら、Bという方法を提案してみます。それ以外にもCという方法も持っておくようにします。

重要なことは、指導を受ける側が自分の取り組み方が適切ではないと気づくこと。そ

の気づきを与えるのが指導者の仕事と言っていいでしょう。そのために、複数のプランを持ち、いろいろな角度から指摘してあげることで間違いに気づいてもらうようにするわけです。

Aという方法を私が「正しい」と主張するだけでは何の意味もありません。相手に気づきを与えるためには、複数の解決法を準備しておくことが不可欠なのです。

ある人に聞いた話です。

スポーツクラブで、高齢者専門のトレーナーが家族に無理やり連れてこられた父親に指導をするのですが、筋トレなど必要ないと言って、頑《かたく》なにトレーナーの言うことに耳を貸しませんでした。せめてスクワットでもはじめましょうと言っても言うことを聞かない。では、ここに座ってくださいと椅子を差し出し、「座ったところで立ち上がってください」と言いながら、「これってスクワットなんですよ、こんな簡単なことで筋肉が自然と鍛えられるんですよ」と伝えたそうです。こうして体を動かすことは気持ちがいいことだとわかったその人は、それから嬉々としてトレーニングをはじめたそうです。

相手をよく見て、目的に応じた方法をいくつもの選択肢からチョイスし、効果が出そうな方法を提示できることが良い指導者だということです。

指導する側からすると、無理にでも言うことをきかせてしまうのが一番楽です。それがエスカレートしたのが体罰でしょう。Aという1つの指導方法しか持っていないと、相手に受け入れられない場合、他に選択肢がないから強硬策に出てしまいます。選択肢がないことの悲劇です。

ひと昔前は、ことあるごとに「気合を入れろ」と叫ぶ指導者が権勢を振るっていました。いまとなってはお笑い種とさえ言えますが、気合を入れるために何をしたらいいのかがわからないから、「とにかく走れ」ということになります。「気合を入れろ」「気持ちを込めろ」と言われたからモチベーションが上がるわけではありません。そもそも、モチベーションを上げるために何をするのか、チームの士気を高めるためには何が必要かが合理的でないと指導を受ける側は動きが取れません。指導する側も何が必要かを考えていないため、精神論で片付けようとするわけです。**指導で絶対あってはいけないのは、恐怖を与えてコントロールすること**です。

恐怖を与えても、状況は変わりません。最悪、逃げるか萎縮するかして動けなくなります。

自己肯定感を上げる指導法

これまで私が出会った名コーチたちは、物静かで知的さが感じられ、その落ちつきが醸す雰囲気が話のしやすさにつながっていました。レッドベターも、相手が言うことにじっくりと耳を傾けていました。

教えるという気持ちが強すぎると、ひとりよがりになり、教えることが自己満足になりがちです。相手があるからこその指導であり、その先にある目的が共通であることを示すことができなければ、良い指導にはなりません。

レッドベターは話を聞いた後、自信にあふれた話し方で自分の考えを言い切ります。自分の知識と実績という裏づけがあるからです。信用の土台がある人物に指導を受けると、教わる側は素直にそれを信じることができます。それで指導を受ける側が自信を持てるようになり、モチベーションが上がっていくのです。

陸上長距離の指導者だった故小出義雄《こいでよしお》監督が高橋尚子《たかはしなおこ》さん（愛称Qちゃん。シドニー

指導における
ネガティブとポジティブの効果の違い

	指導者の姿勢	指導を受ける側の反応
ネガティブ指導	恐怖・強制・パワハラ	主体的に動けない・逃げる・萎縮する
ポジティブ指導	認める・ほめる・考えさせる	自発的に動く・やる気を出す

五輪、マラソンで金メダル）に、「Qちゃんは天才だよ」と毎日言い続けたことで、Qちゃん自身がそう思えるようになったという話を聞いたことがあります

選手は、「自分はすごい」「自分はできるんだ」と思い込むようにしても、どこかで「でも本当か？」と疑うことがあるのではないでしょうか。

信頼できる人にほめられると自己肯定感が上がり、自己肯定感が上がれば自信がついて楽しくなります。

レッドベターは、選手をネガティブにさせない指導の達人です。選手に対して、「いいショットを打ったな、完璧じゃない

か」などと大げさにほめてモチベートします。私は、ゴルファーは自分に厳しい人が多いと思っています。どう見ても良い状態なのに満足しない人が多いからです。80％の仕上がりでいいところを１００％にならないと合格点を出さない。完璧になるまで納得してくれない人もいます。

そうした人には、「完璧ですよ。今日はこれぐらいにしましょう」とほめることで納得してもらうようにします。できているかどうかがわからない、自信を持てない人に対し、客観性をもって伝えるのです。

自信が持てない人に対しては、認めることが上達の一番の近道になることがあるのです。

おわりに

本書でご紹介した超一流プレーヤーたちは、数多くの勝利を挙げ脚光を浴びてきました。光があれば影があるように、彼らに敗れ、十分な光を浴びることができずにキャリアを終えたライバルたちがいました。それらの選手たちは才能がなかったわけではありません。むしろ、成功した選手よりも才能に恵まれた選手はたくさんいたと思います。

光と影の明暗を分けたもの、それは「誰と出会ったか」ということではないでしょうか。成功し偉大な選手になった人たちは、人生の岐路で適切な人物と出会い、その人物たちの力を借りて自らを変革していきました。アスリートは身体能力や競技スキルが大事だと思われがちですが、高い壁を乗り越えるためには人に協力してもらえる人間力が欠かせません。

私も人との出会いで救われた人間の1人です。

私は選手時代、人に教わることが大嫌いな頑固な人間でした。人の話を聞かず自己流でゴルフをしていたためなかなか上達せず、仕方なく教わり始めたものの、アドバイスを実行に移さないことが多くありました。

しかし、指導者になってから参加した勉強会で、後に人生のメンターとなる方に「素直に人の話を聞けない人は伸びない」と注意を受け、自らの考えを改めるようになりました。

さらに「レッドベター本人に教わりにアメリカに行ったらどうですか？」とメンターに言われた言葉がきっかけとなり、レッドベターに会いに行くことを決意しました。英語も話せないにもかかわらず、無謀にも渡米を実行に移せたのは、メンターの存在によって自らの考え方の殻を破ることができたからです。メンターと出会っていなければ、アメリカに行こうと考えることすらなかったでしょう。

アメリカに渡ったことで、ゴルフティーチングスキルと指導者としての姿勢を教えてくれたレッドベター、ゴルフバイオメカニクスを根本から指導してくれたヤン・フー・クォン教授など、素晴らしい人物たちのおかげで学びを深めることができました。30歳を目前にして、ゴルフボールを打つことしかできず、仕事の仕方やビジネスマナーも知らなかった私が変わることができたのは、人生の節目で素晴らしい師に出会い、教えを受けることができたからです。今まで教えを受けてきた師たちには、心から感謝しています。

ドイツの名宰相オットー・ビスマルクは「賢者は歴史に学び、愚者は経験に学ぶ」と語りました。自分の考えや意見を持つことは大事なことですが、自分の経験や考え方に固執し、優秀な人物や先人の考えに耳を傾けない人は成長の機会を失います。プライドを捨て、謙虚に学ぶ姿勢をもつこと。これが自らを変えるためのファーストステップになると思います。

そして、尊敬できる師は自らの足で探しに行きましょう。師は待っていても目の前に現れることはありません。本書でご紹介した偉大な選手たちも自ら足を運んで教えを請いました。

自分と違う世界にいて、異なる価値観や知識を持っている人物だからこそ、あなたの経験したことのない学びや経験を与えてくれるのです。師を探し、自ら足を運び、教えを請うことであなたの人生が変わるのです。

年齢や環境など、自分で設定した限界を言い訳にしていては何も始まりません。世界は広いのです。師を見つける旅に出て、自らの人生をより素晴らしいものにください。

吉田洋一郎

２０２１年10月

謝辞

今回、初めてのジャンルの書籍を刊行するに当たり、多くの方にご協力をいただきました。編集をご担当いただきました実務教育出版の松原健一氏をはじめ、構成やデザインにかかわっていただいたみなさまには大変にお世話になりました。ありがとうございました。

また、今まで海外で取材させていただいたコーチや選手のみなさまのおかげで多くの学びを得ることができ、書籍として世に出せたことに心より感謝を申し上げたいと思います。

そして、いつも私の活動を支えていただいているヒューゴ ボス ジャパンをはじめとするスポンサーのみなさま、「ゴルフネットワーク」や「ゴルフダイジェスト」をはじめとするゴルフメディアのみなさまに、この場をお借りしまして日頃の感謝の気持ちをお伝えしたいと思います。いつもご支援、ご協力いただきまして誠にありがとうございます。

私のメールマガジン、オンラインセミナー、会員制オンラインレッスンのメンバーのみなさまには、いつも励ましをいただきありがとうございます。今後もお役に立てるように努めてまいりますのでよろしくお願いいたします。

最後に、本書を手にとってくださった読者のみなさまに、衷心より感謝の意をお伝えさせていただきたいと思います。本書を著すことで、自身のこれまでの活動を振り返り、気持ちを新たすることができました。著者である私のみならず、読者のみなさまにとっても気持ちを新たにすることができましたら、これに勝る喜びはありません。みなさまの人生とゴルフが上向いていきますよう、心より願っております。

■構成　　　　根本浩美
■装丁・図版　三枝未央
■本文写真　　Getty Images
　　　　　　　吉田洋一郎
■編集協力　　OfficeYuki
■編集　　　　松原健一（実務教育出版）
■ＤＴＰ　　　キャップス
■企画協力　　ヒューゴ ボス ジャパン株式会社

〈編集部注〉

プロゴルファーの経歴、成績等については、ゴルフダイジェスト・オンラインほか各種情報サイトを参照して作成しました。参考にした文献、記事等については該当ページに表記しています。ご了承ください。

著者略歴

吉田洋一郎（よしだ　ひろいちろう）

PGA ツアー、海外ゴルフ理論に精通する
ゴルフスイングコンサルタント
2019 年「ゴルフダイジェスト」レッスン・オブ・ザ・イヤー受賞

北海道出身。世界 4 大メジャータイトル 21 勝に貢献した世界 No.1 のゴルフコーチ、デビッド・レッドベター氏を 2 度にわたって日本へ招聘し、世界一流のレッスンメソッドを直接学ぶ。2013 年から欧米に渡り、欧米の一流インストラクター約 100 名に直接学び、世界中のスイング理論を研究している。海外ティーチングの講習会、セミナーなどで得た資格は 20 以上にのぼる。海外メジャーを含めた海外ゴルフトーナメントに足を運び、選手の現状やティーチングについて情報収集を行っている。ゴルフの垣根を超え、欧米スポーツの取材を精力的に行っている。ゴルフメディアにおいて、CS ゴルフ専門チャンネル ゴルフネットワーク解説、ゴルフティーチング書籍執筆（著書合計 16 冊）、ゴルフ雑誌連載（「週刊ゴルフダイジェスト」など)、ウェブコラム（「日刊スポーツ」「スポルティーバ」「GOETHE」）など幅広く活動している。

吉田洋一郎オフィシャルサイト　http://hiroichiro.com/

PGA《ピージーエー》ツアー
超《ちょう》一《いち》流《りゅう》たちのティーチング革命《かくめい》

2021 年 11 月 10 日　初版第 1 刷発行

著　者　　吉田 洋一郎
発行者　　小山 隆之
発行所　　**株式会社実務教育出版**
163-8671 東京都新宿区新宿 1-1-12
電話　03-3355-1812（編集）　03-3355-1951（販売）
振替　00160-0-78270

印刷・製本　　図書印刷

ISBN978-4-7889-1500-8 C2034